Ilse Nimschowski

Kinderleichtes Origami

Schritt-für-Schritt-Anleitungen zum Papierfalten

Augustus Verlag

Vorwort

Liebe Kinder

Ein Blatt Papier durch unterschiedliche Faltungen in einen kleinen Gegenstand zu verwandeln, gehört heute wie in vergangenen Zeiten zu den interessantesten Freizeitbeschäftigungen der Kinder, aber auch der Erwachsenen. Aus Papier kann man leicht kleine Dinge anfertigen, die beim Spielen, beim Schmücken des Zimmers, als Grußkarte oder als kleines Geschenk viel Freude bereiten. An Werkzeugen braucht ihr nicht viel: vor allem eure Finger, manchmal Schere, Winkel, Bleistift und Kleber.

Die meisten Faltformen lassen sich in wenigen Minuten herstellen. Um schnell zum Erfolg zu gelangen, solltet ihr die ersten Abschnitte des Buches durchlesen oder vorlesen lassen, damit ihr wißt, was all die Begriffe und Zeichen bei den Erläuterungen bedeuten. Das Buch führt euch von einfachen Faltbeispielen zum Origami, also zu den komplizierteren japanischen Faltformen. Und wenn euer Tun nicht gleich gelingt, dann geht noch einmal die Schrittfolge durch. Bestimmt habt ihr ein Zeichen übersehen oder die Erläuterung nicht genügend beachtet. Nehmt euch nicht schon anfangs die schwierigsten Faltformen vor, sondern wählt erst Beispiele aus der Vielzahl der einfachen und mittelschwierigen Angebote aus. Dabei ist günstig, wenn ihr zu Beginn mit einem Blättchen vom Notizblock faltet, ehe ihr Origamipapier verwendet.

Liebe Eltern

Mit der Bitte um Unterstützung wendet sich das Buch auch an Sie, vor allem, wenn Ihre Kinder noch im Vorschulalter sind. Begriffe wie Quadrat, Rechteck oder rechter Winkel bedürfen dann Ihrer Übermittlung. Bitte beachten Sie auch, daß kleine Kinder wegen der Verletzungsgefahr möglichst lange noch die Kinderschere benutzen sollten.

Helfen Sie Ihren Kindern bei diesem oder jenem Faltgang, damit der Erfolg nicht ausbleibt. Aber regen Sie sie auch zum Suchen und Knobeln an. Denn gerade die Freude am Suchen nach Lösungswegen, der Stolz auf die endlich vollbrachte Leistung, Sinn für Genauigkeit, Ordnung und Sauberkeit, auch Ausdauer, Zielstrebigkeit und Kreativität sind Eigenschaften, die durch das Papierfalten in Verbindung mit der Entwicklung der Fingerfertigkeit auf spielerische Weise herausgebildet und gefördert werden.

Diesen wichtigen Aspekt in der Kindererziehung erkannte bereits vor fast zweihundert Jahren der große Pädagoge Friedrich Wilhelm August Fröbel (1782-1852), auf dessen Bestrebungen die ersten Kindergärten in Deutschland entstanden. Seitdem hat das Papierfalten in Vorschuleinrichtungen und Kinderhorten eine gute Tradition. Als dann die jahrhundertealte japanische Papierfaltkunst - das Origami - in den fünfziger und sechziger Jahren um die Welt ging, fiel sie bei den durch Fröbel vorgeprägten Deutschen auf besonders fruchtbaren Boden. Und noch immer erfreut sich das Origami zunehmender Beliebtheit.

Es gibt zahlreiche Faltformen, bei denen die Herkunft aus der Fröbelschen Faltschule oder aus dem Japanischen nicht mehr klar zu unterscheiden ist. Beide Richtungen haben sich im Laufe der Zeit bereichert und angenähert.

In diesem Buch soll der Weg von der Fröbelschen Faltform zum Origami beschritten werden. Das bedeutet, es wird jegliches Falten auf die einfachen Grundformen und Bezeichnungen von Fröbel zurückgeführt. Denn alltägliche Begriffe wie Buch-, Kopftuch- oder Zeltfaltung werden von Kindern schneller angenommen und sicherer eingeprägt als schwierige japanische Bezeichnungen.

Das Buch führt also mit Fröbels Faltschule zum Origami.

Inhalt

Welches Papier eignet sich zum Falten?

Zum Falten kann man alle Papiere verwenden, die relativ fest sind und einen sauberen Bruch ergeben: Matte oder glänzende quadratische Faltblätter, das Origamipapier, gemustertes Geschenkpapier, Luftpost- und gewöhnliches Briefpapier, unliniertes Schreibpapier, Packpapier, Transparent- und Seidenpapier, Endlospapier für den Computer und auch das in zarten Pastelltönen angebotene Copierpapier. Für einfache Faltungen mit nur wenigen Brüchen eignet sich auch Zeichenkarton (Häuser und Zelte); ja sogar Zeitungspapier kann man in besonderen Fällen zum Falten verwenden.

Weißes Schreibpapier kannst du dir selbst nach eigenen Wünschen einfärben. Nimm dazu Temperafarben, farbige Tuschen oder Ostereierfarben, gieße eine kleine Menge mit Wasser verdünnt in eine flache Schale oder einen Teller und ziehe die Blätter hindurch. Lege sie danach zum Trocknen auf eine alte Zeitung.

Einen schönen Effekt erreicht man, wenn die weißen Blätter zunächst durch klares Wasser gezogen, kurz abgeschüttelt und dann zwei Kontrastfarben mit einem Pinsel auf das nasse Papier aufgestrichen oder aufgetupft werden. Die Faltblätter erhalten dadurch ein zartes, aquarellartiges Aussehen. Wenn du nasses geknülltes Papier in ein Farbbad tauchst, entstehen bizarre Maserungen von besonderem Reiz. Nach dem Glattstreichen und Trocknen solltest du die Blätter noch bügeln.

Probiere es doch einmal mit Freunden oder Geschwistern! Vielleicht helfen dir dabei Eltern oder Großeltern.

Was du noch wissen und können solltest

Regeln für das Falten

- Es sollte immer auf festem, ebenem Untergrund gefaltet werden.
- Im Regelfall wird stets vom Körper weg gefaltet.
Es gibt aber eine Reihe von Ausnahmen, besonders im Origami.
- Lies erst genau und betrachte die Zeichnungen, dann falte.
- Falte sehr genau und streiche alle Brüche gut aus.

Bedeutung der Linien und Symbole

Schnitt- oder Bruchkanten des Blattes oder der Faltform

Bruchlinie durch zurückgefalteten Bruch entstanden

Kennzeichnung, wo der nächste Bruch verlaufen soll

 Faltform wenden

 Kante oder Fläche von hier nach dorthin falten

 Faltform drehen

 Hier ein- oder abschneiden

 Hier kleben

 Gegenbruch falten

Kennzeichnung der Schwierigkeitsstufen

*	Sehr einfach zu falten
**	Leicht zu falten
***	Etwas schwieriger zu falten
****	Nur für Könner

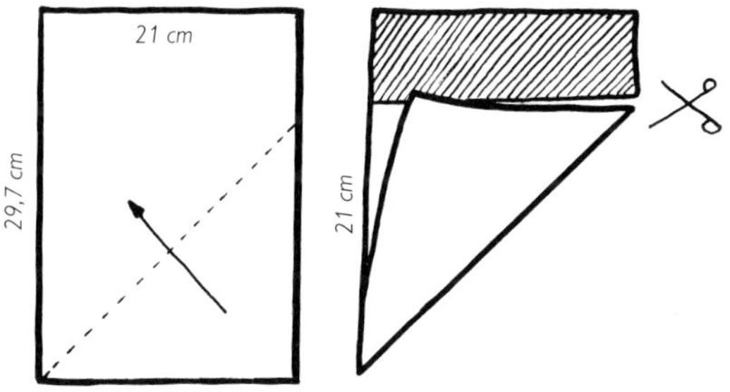

- Herstellen eines quadratischen Blattes aus einem DIN A4-Blatt (Die Begriffe Quadrat und Rechteck findest du auf Seite 79 im Faltlexikon erläutert.)

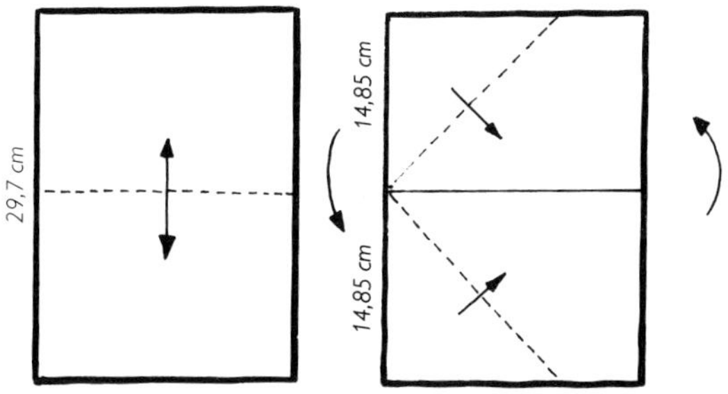

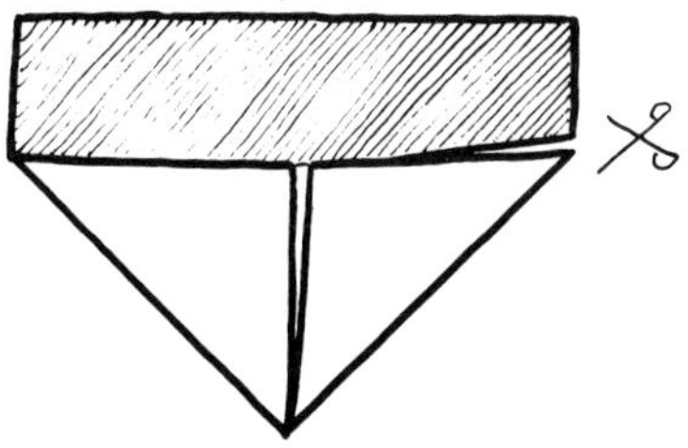

- Herstellen eines Rechtecks in der Größe zweier Quadrate aus einem DIN A4-Blatt

Faltlexikon

Ein kleines Faltlexikon mit den wichtigsten Begriffen ist schnell nachschlagbar auf Seite 79 zusammengefaßt.

Grundfaltformen

Buch

Die einfachste Faltform aus dem Quadrat oder Rechteck nennt man Buch. Sie entsteht, wenn man zwei sich gegenüberliegende Kanten aufeinanderfaltet.
Der Bruch, der in der Mitte entsteht heißt *Mittelbruch*.
Für manche Faltformen werden zwei Mittelbrüche gebraucht, die einander kreuzen.

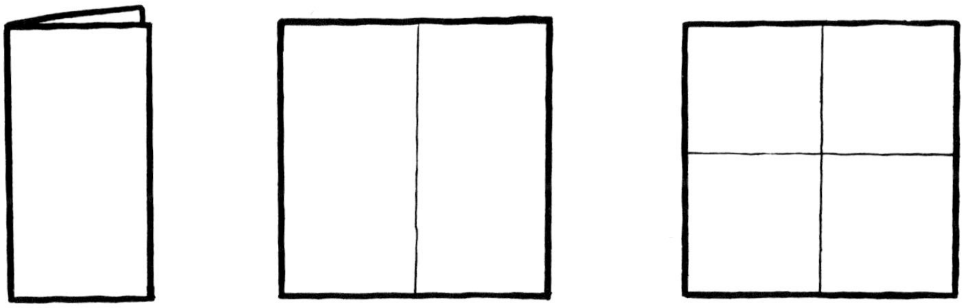

Taschentuch

- Buch falten
- Kurze Kante auf gegenüberliegende kurze Kante falten.

Schrank

- Buch falten und zurückfalten
- Zwei gegenüberliegende Kanten an den Mittelbruch falten

Es entstehen zwei *Kantenbrüche*.
Für manche Faltformen werden vier Kantenbrüche benötigt, d.h. zweimalige Schrankfaltung. Das Blatt ist dann in 16 gleichgroße Quadrate unterteilt.

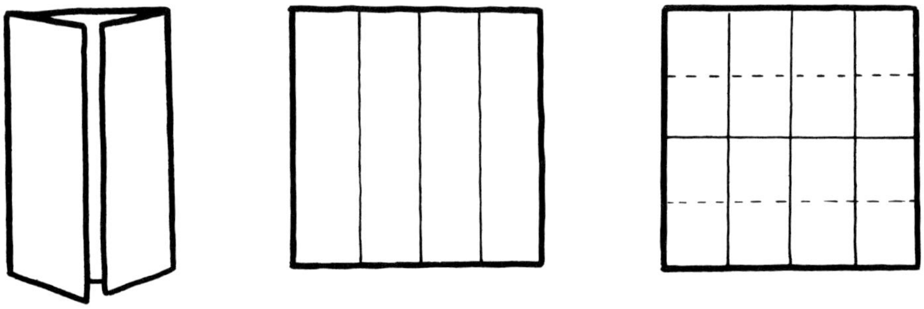

Treppe oder Fächer

- Buch falten
- Lange obenaufliegende Kante an den Mittelbruch falten
- Wenden und ebenso falten

Es entstehen zwei Talfalten und eine Bergfalte. Durch weitere Unterteilung der vier Rechtecke erhält die Treppe viele Stufen.

Kopftuch

Diese Form kann nur aus quadratischem Blatt entstehen. Zwei gegenüberliegende Ecken werden aufeinandergefaltet. Es entsteht ein Diagonalbruch. Für manche Faltformen braucht man zwei Diagonalbrüche. Sie kreuzen sich in der Mitte des Blattes.

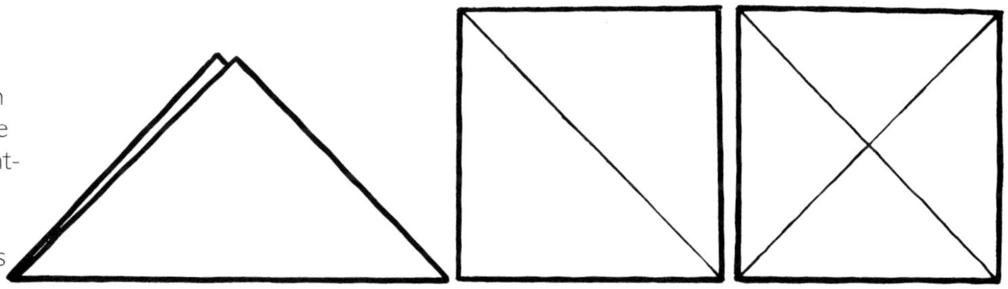

Zelt

- Kopftuch falten
- Spitze auf Spitze falten

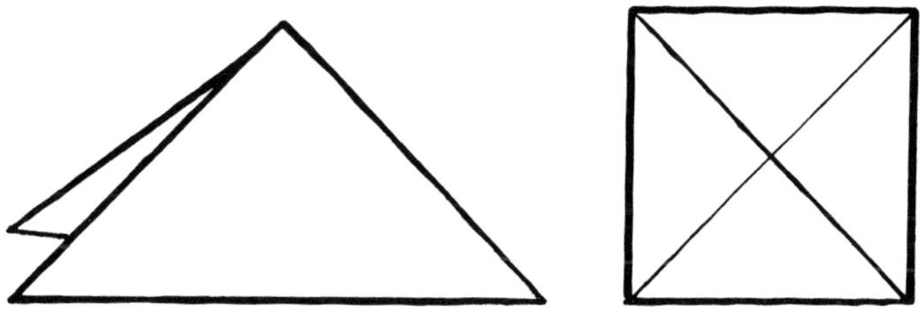

Drachen

- Kopftuch falten und zurückfalten
- Zwei am Diagonalbruch zusammentreffende Kanten an den Diagonalbruch falten

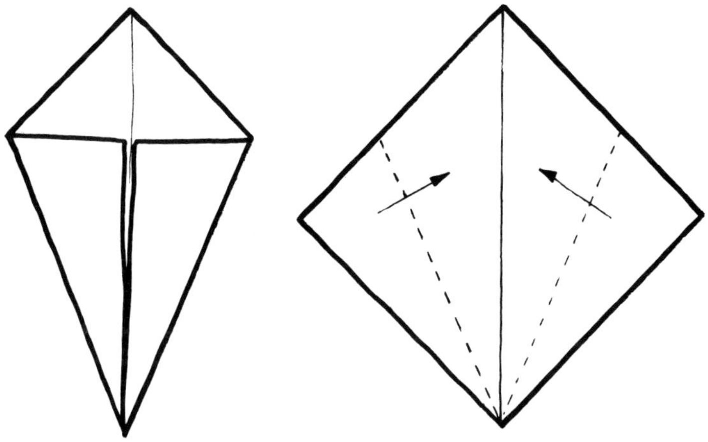

Brief

- Beide Diagonal- oder Mittelbrüche falten und zurückfalten
- Alle vier Ecken zum Mittelpunkt falten.

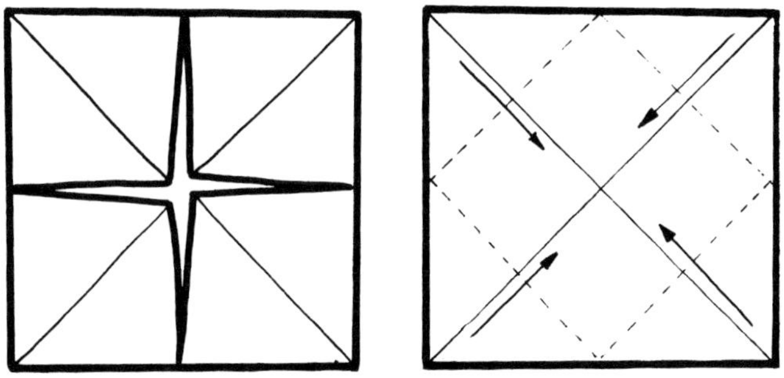

Doppelbrief

- Brief falten und wenden
- Nochmals Brief falten

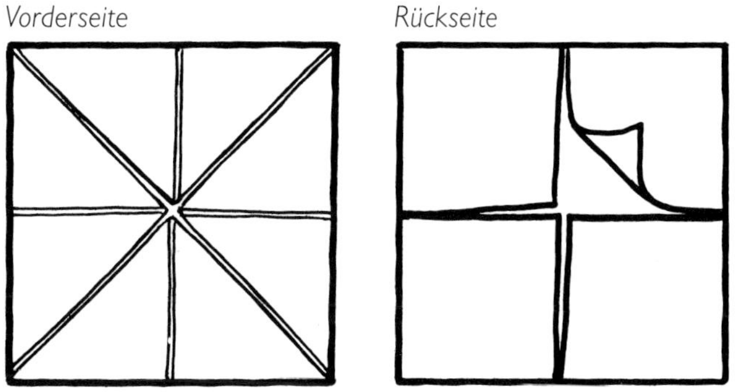

Dreifachbrief

- Doppelbrief falten und wenden
- Nochmals Brief falten

Vorderseite

Rückseite

Zusammengeschobenes Dreieck (Fliegerdreieck)

- Beide Mittelbrüche falten und zurückfalten
- Wenden, beide Diagonalbrüche falten und zurückfalten
- Zwei gegenüberliegende Kanten in der Mitte fassen und zum Fliegerdreieck zusammenschieben

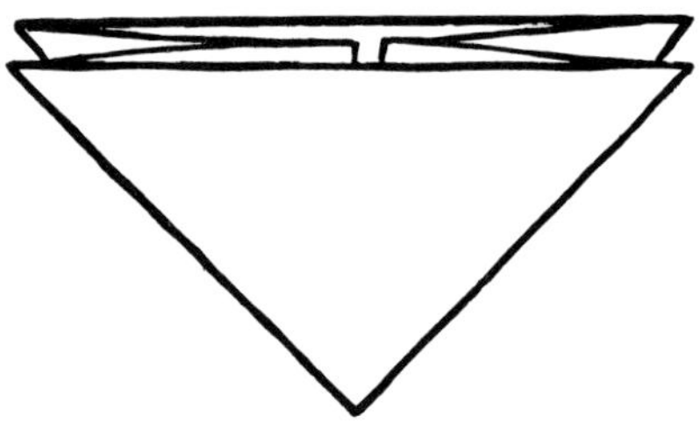

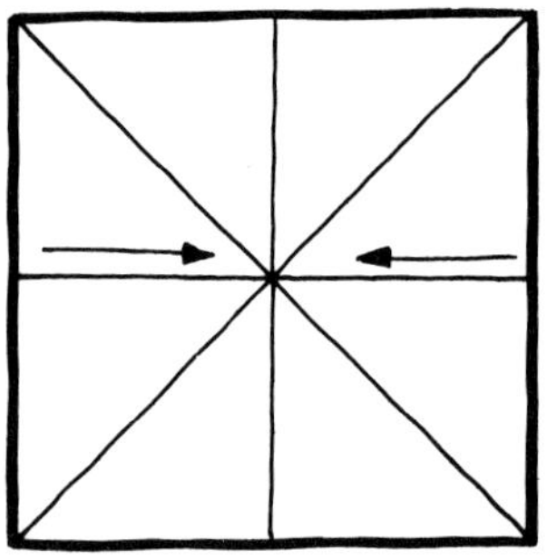

verkleinert

Zusammengeschobenes Quadrat

- Beide Diagonalbrüche falten und zurückfalten
- Wenden, beide Mittelbrüche falten und zurückfalten
- Blatt an zwei gegenüberliegenden Ecken fassen und diese in der Mitte zusammenführen. Das Blatt schiebt sich von selbst zum Quadrat zusammen.

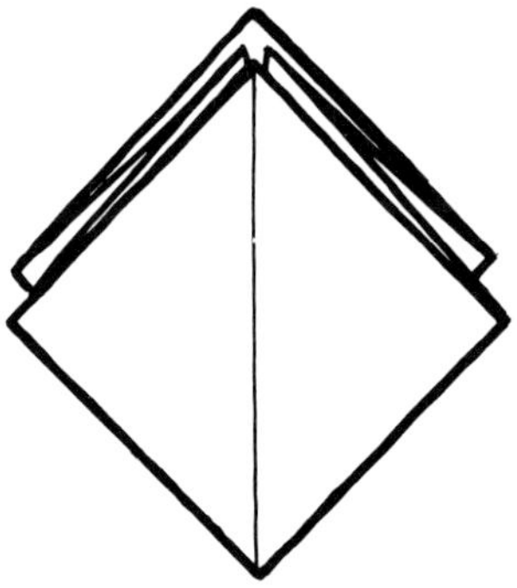

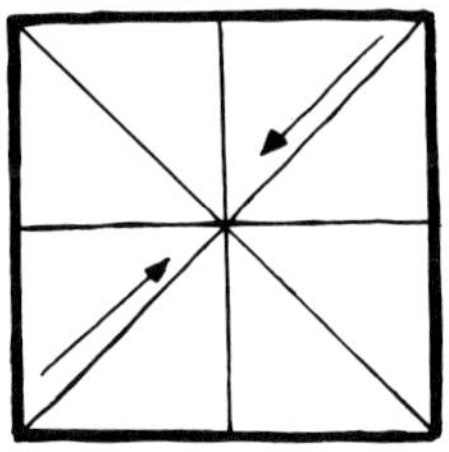

verkleinert

Tischtuch (auch Tisch)

- Zweimal Buch falten und zurückfalten
- Zweimal Kopftuch falten und zurückfalten
- Zweimal Schrank falten und zurückfalten
- Wenden, Brief falten und zurückfalten
- Wenden, das kleine Quadrat in der Mitte des Blattes fest niederdrücken und die Mitte jeder Kante zur Mitte des Blattes führen. Wenden wir die Form, erkennen wir einen Tisch oder ein herabhängendes Tischtuch. Zum Weiterfalten drückt man die vier Ecken zu kleinen Quadraten breit.

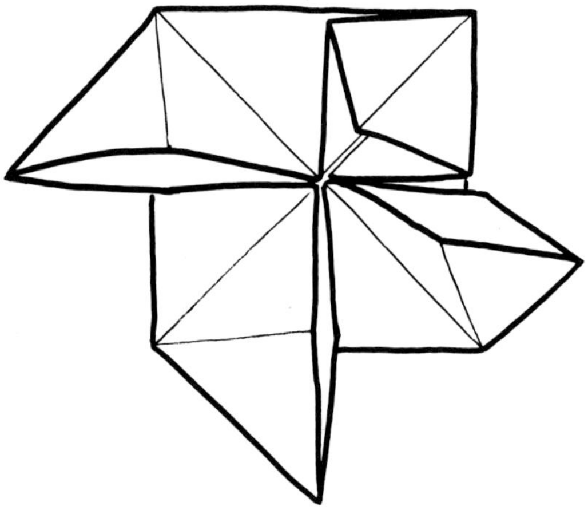

verkleinert

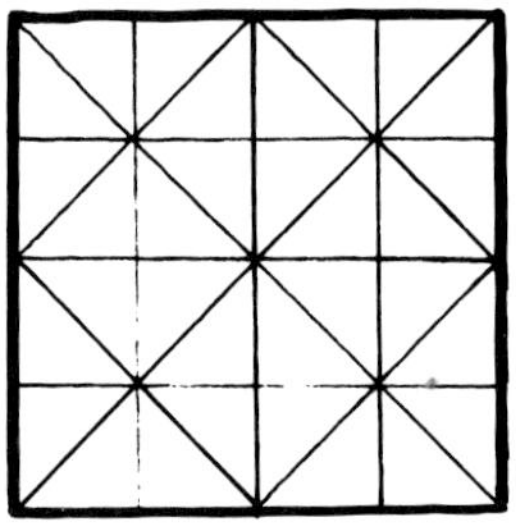

Verschiedene Karten und Heft *

Die Schmuckformen auf den Karten sind auf folgenden Seiten beschrieben:
Ente Seite 66; Rosettenstern Seite 45,
Gepreßte Tulpe Seite 40;
Origami-Weihnachtsbäumchen Seite 49.

Wenn deine Finger noch nicht sehr geübt im Papierfalten sind, dann fange mit dieser einfachen Buchfaltung an.
Lege dabei sorgfältig Ecke auf Ecke und streiche den entstehenden Mittelbruch gut aus. Zeichenkarton eignet sich gut.
Du kannst auf diese Weise, reizvolle Glückwunsch-, Einladungs- oder Tischkarten anfertigen und Freunde damit überraschen. Anregungen findest du auf den Fotos. Überlege auch selbst noch, welche anderen Faltformen sich für Karten eignen. Willst du ein Heft herstellen, falte mehrere Blätter der gleichen Größe zum Buch, lege Mittelbruch auf Mittelbruch und hefte sie dort durch Helftklammern oder Nadel und Faden zusammen.

Je nach dem Verwendungszweck deiner Karten kannst du rechteckiges oder quadratisches Falt- Zeichen- oder Schreibpapier verwenden.

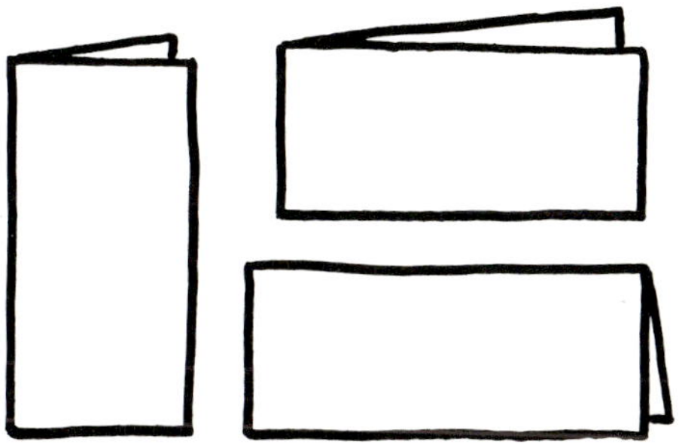

Häuser und Zelt *

Dazu eignen sich quadratische Origami Faltblätter oder auch quadratisch geschnittenes Zeichen- oder Packpapier.

Einfaches Haus *

Faltschritte

① Lege das Blatt mit der Rückseite obenauf, falte das Buch und öffne gleich wieder.

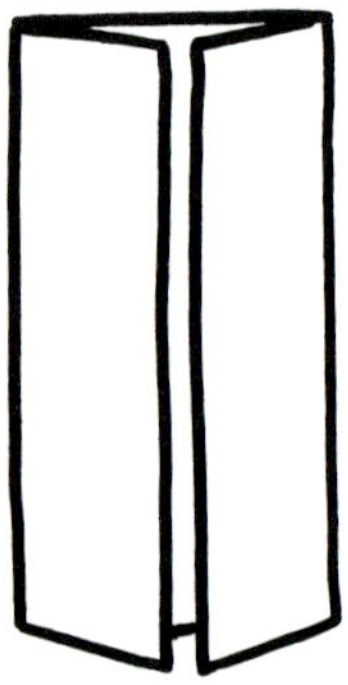

② Falte den Schrank, öffne ein wenig.

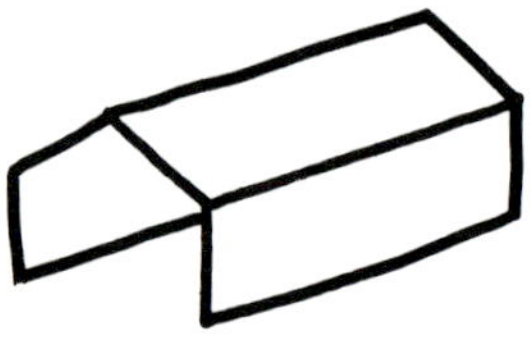

③ Stelle die einfache Hausform auf.

Haus mit schrägem Giebel *

Faltschritte

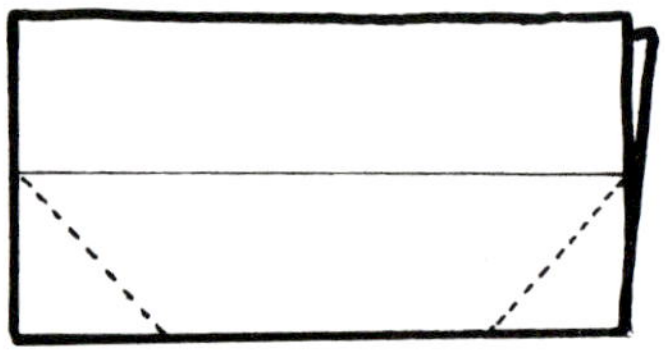

① Falte das Buch und öffne wieder.
② Falte den Schrank und öffne wieder.

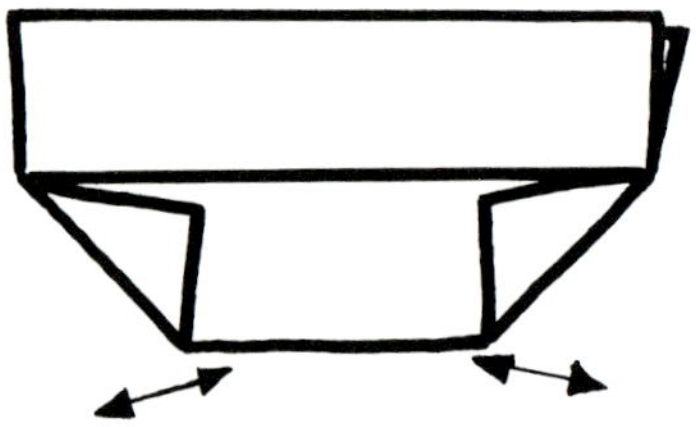

③ Nun falte abermals das Buch wie zu Beginn und falte rechte u. linke Ecke vom Bruch aus an den oberen Kantenbruch. Öffne beide schrägen Brüche wieder und falte sie als Gegenbrüche nach hinten.

Einfaches Haus und Haus mit schrägem Giebel aus den Grundfaltungen Buch und Schrank für wenig geübte Hände.

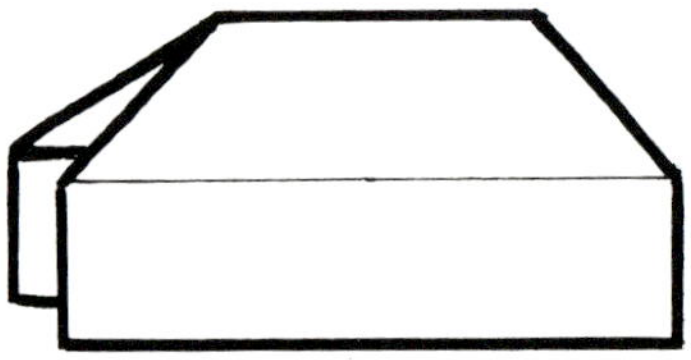

④ Drehe die Faltform mit dem Bruch nach oben und stelle das Haus auf. Schiebe an den Seiten die schrägen Dachgiebel ein. Du kannst Fenster und Türen aus andersfarbigem Papier ausschneiden und aufkleben oder auch aufmalen. Soll dein Haus noch ein andersfarbiges Dach erhalten, so wähle ein Blatt von der gleichen Größe wie du es für das Haus hattest. Halbiere nun das Blatt (Buch falten und auf Bruch entlangschneiden).

Faltschritte für das Dach *

① Lege das schmale Rechteck quer und falte lange Kante auf lange Kante.

② Nun falte die Ecken rechts und links vom Bruch nach oben zur Kante, öffne und falte als Gegenbruch.

③ Drehe die Form, setze das Dach zunächst auf den Tisch, schiebe die Giebel ein und drücke nun das Dach auf dein gefaltetes Haus. Mit dem Filzstift kannst du noch Dachziegel aufzeichnen.

Dach mit Laubengang **

Willst du das Haus noch mit einem Laubengang verschönern, so nimm ein Faltblatt von der gleichen Größe wie für das Haus. Dann werden Dach und Laubengang aus einem Stück gefaltet.

Faltschritte

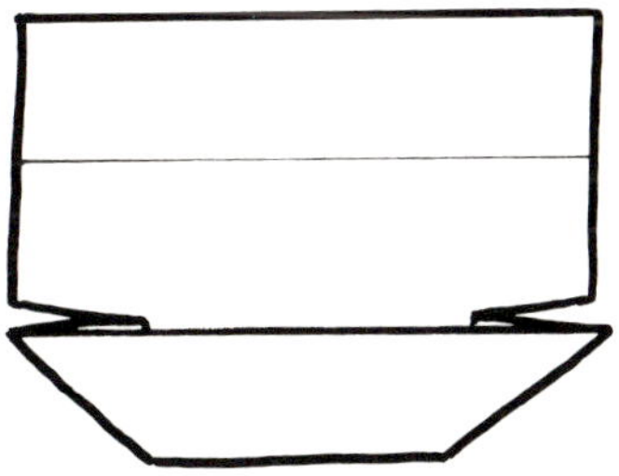

① Lege das Faltblatt mit der Vorderseite obenauf, falte das Buch, öffne wieder und wende das Blatt.
② Falte den Schrank.

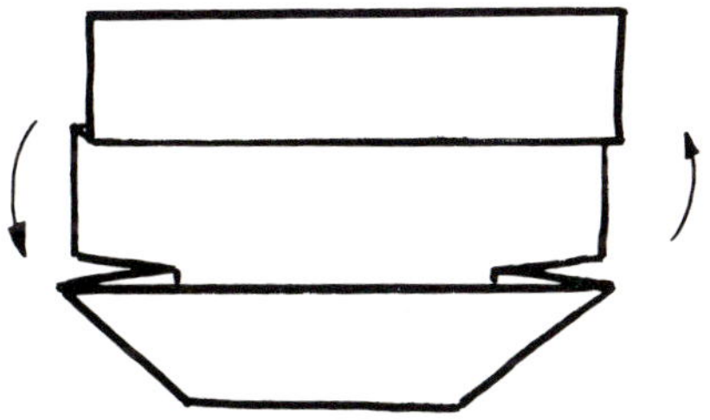

③ Aus dem unteren Streifen entsteht das Dach. Falte also die schrägen Gegenbrüche wie oben beschrieben und schiebe die Seiten ein.

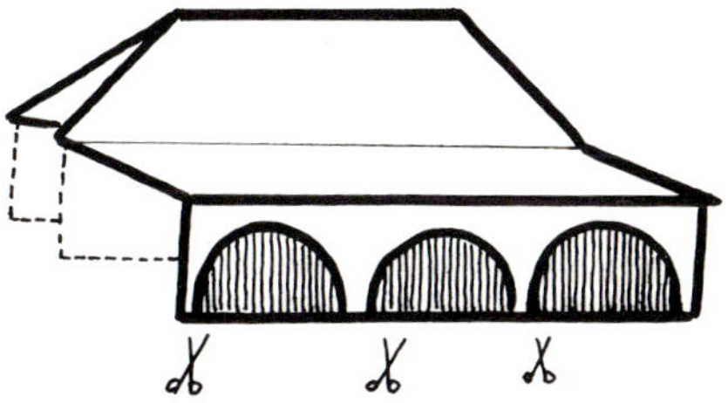

④ Aus dem oberen Streifen entsteht der Laubengang. Falte dazu das obere Rechteck so nach oben, daß der neue Bruch dicht unter dem vorhandenen Bruch liegt. So entsteht ein Dachvorsprung über dem Laubengang. Schneide noch halbrunde oder eckige Teile heraus, wie du es auf der Zeichnung erkennst.

Dach und Dach mit Laubengang wurden gesondert gefaltet und nachträglich auf die Häuser gesetzt. In Verbindung mit Zelten kann man ein Dorf mit Campingplatz gestalten.

Zelt **

Du brauchst ein quadratisches Faltblatt von beliebiger Größe. Es eignet sich jedes Papier dazu.

Faltschritte

① Lege die Rückseite des Blattes obenauf und falte das Kopftuch.

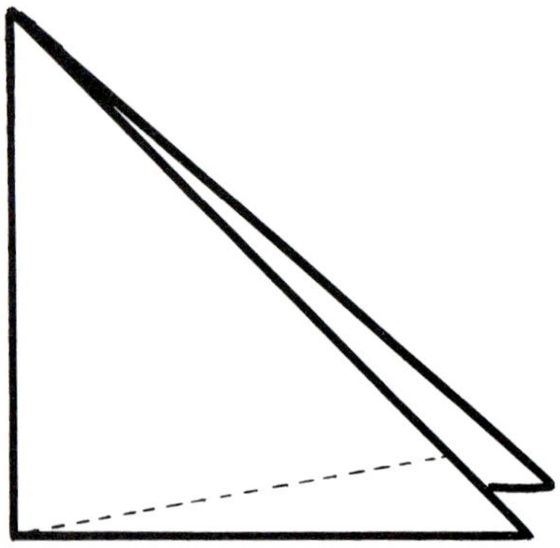

② Falte die linke auf die rechte Spitze. Du siehst jetzt das Zelt, wie es bei Grundfaltformen im Buch vorn beschrieben ist. Soll dein Zelt einen besonders schönen Eingang bekommen, dann falte weiter.

③ Falte die obenaufliegende Bruchkante ein wenig schräg nach oben um, so daß ein schmales, langes Dreieck entsteht.

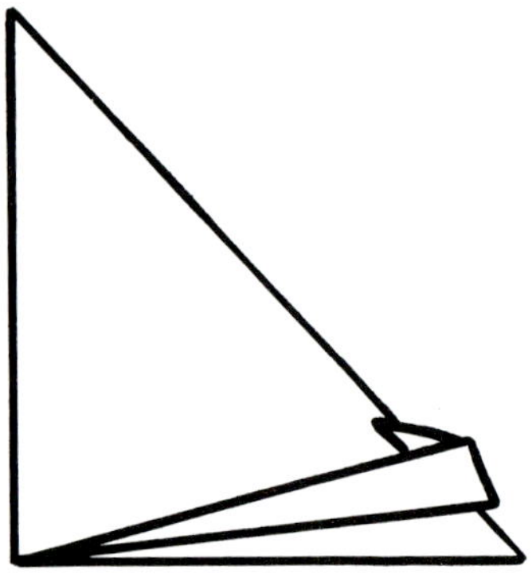

④ Falte das rechtsliegende kleine überstehende Dreieck hinter den Rand.

⑤ Wende die Faltform und wiederhole seitenverkehrt die Schritte 3 und 4.

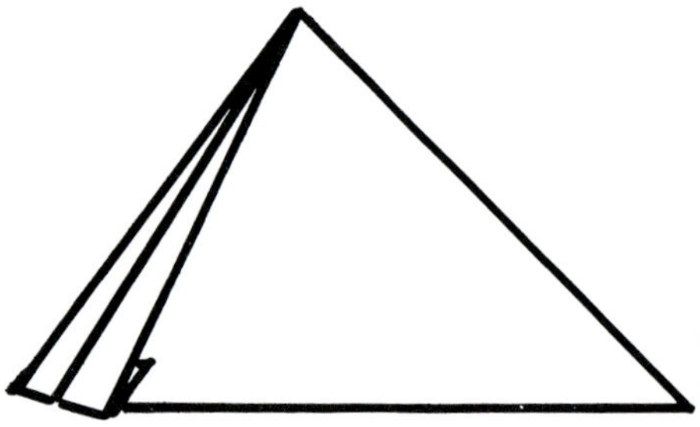

⑥ Öffne jetzt die Form, so daß die beiden schmalen Dreiecke rechts und links vom mittleren Bruch liegen.

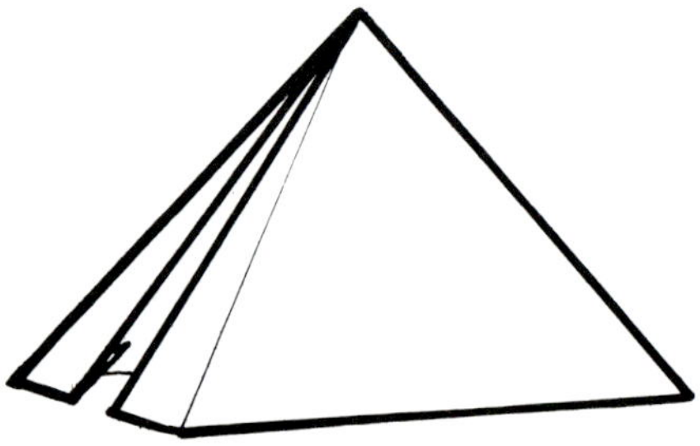

⑦ Wende die Form und falte das linke schmale Dreieck auf das rechte. Stelle das fertige Zelt auf.

Zum Einkaufen

Taschentuchtäschchen, Tasche mit zwei Fächern, Geldbörse, Tüte oder Geschenkbeutel.

Taschentuch-täschchen **

Du brauchst ein quadratisches Faltblatt von ca. 10 cm Kantenlänge. Durchgefärbtes Papier ist günstiger.

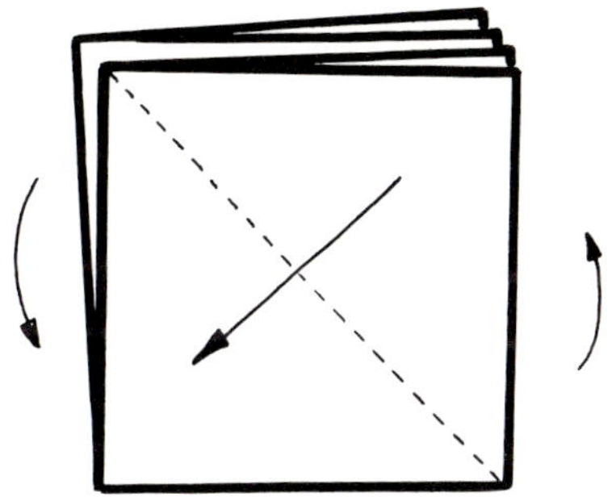

① Falte zuerste das Taschentuch (Buch falten, dann kurze Kante auf kurze Kante)

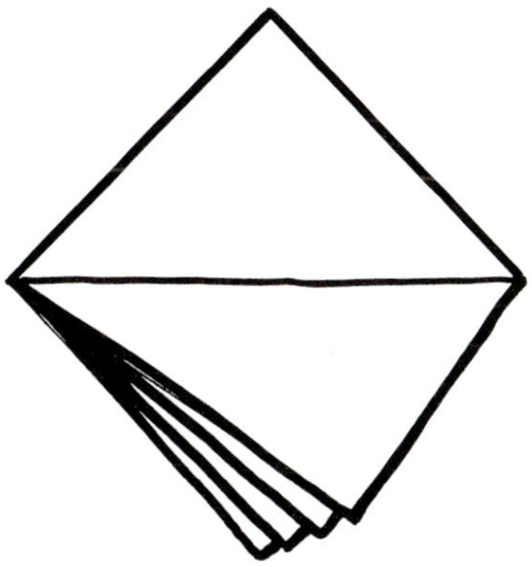

② Drehe die vier offenen Kanten zur Tischkante und falte nacheinander die erste, zweite und dritte Ecke nach oben. Verziere das fertige Täschchen durch ausgeschnittene, aufgestempelte oder aufgemalte Blütenformen.

So macht das Einkaufen Spaß: Tasche, Geldbörse und Taschentuchtäschchen.

Tasche mit zwei Fächern **

Wähle dazu ein möglichst großes quadratisches Blatt nicht unter 20 cm Kantenlänge. Du kannst auch gemustertes Geschenkpapier verwenden.

Faltschritte

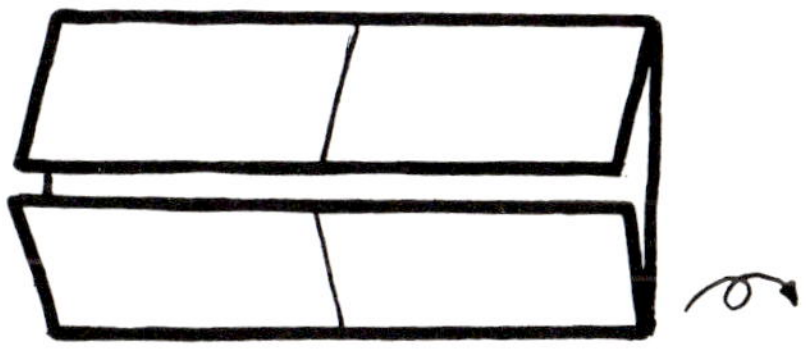

① Lege das Blatt mit der Vorderseite obenauf, falte beide sich kreuzende Mittelbrüche, öffne wieder und wende das Blatt.
② Falte den Schrank. Wenn du willst, kannst du die beiden mittleren Kanten ein wenig nach außen oder nach innen umfalten. Es dient der besseren Haltbarkeit beider Taschenränder.

③ Wende die Faltform und falte die kurzen Kanten zur Mitte.

④ Falte nun die obere auf die untere Hälfte und schon erkennst du die zwei Fächer der Tasche.
Soll es eine Umhängetasche werden, so klebe noch zwei lange Streifen als Tragebänder aus Papier oder Stoff an.

Geldbörse mit zwei Fächern **

Eine Geldbörse für dein Kleingeld kannst du dir ganz schnell aus einem rechteckigen Stück Papier falten. Es kann die Größe wie dein kleines Schreibheft, also DIN A5 (21 cm x 15 cm) haben oder auch größer sein. Viele Papierarten eignen sich für die Geldbörse, so Origamipapier, Geschenkpapier, Schreibpapier, ja sogar Zeitungspapier.

Faltschritte

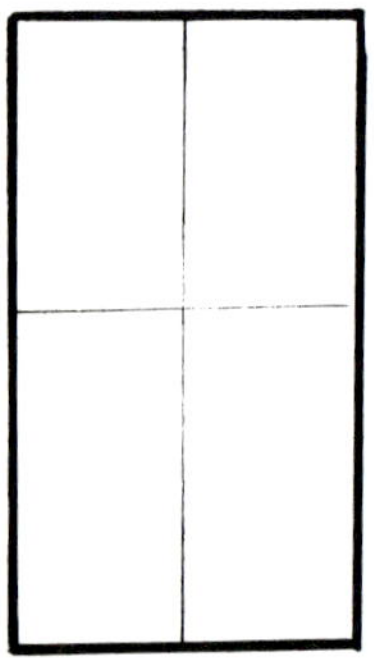

① Lege das Rechteck mit der Rückseite nach oben und falte den kurzen und dann den langen Mittelbruch und öffne wieder.

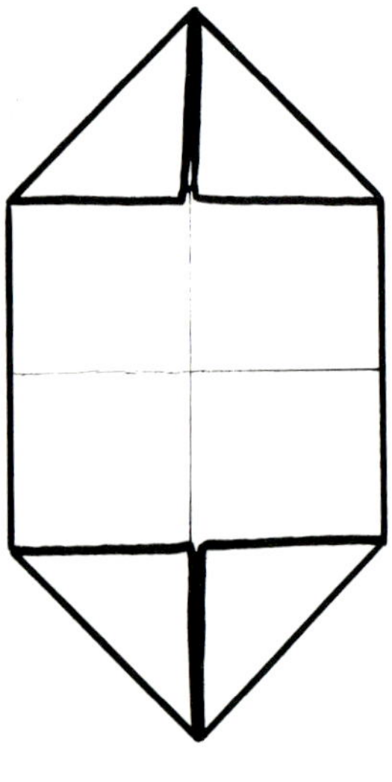

② Falte die vier Ecken an die lange Mittelbruchlinie.

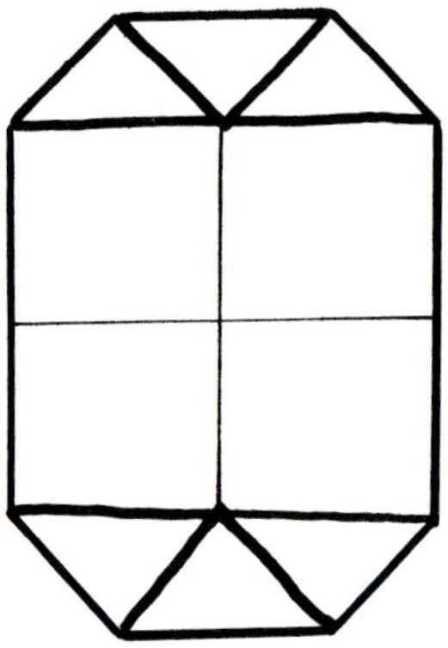

③ Nun falte die obere und die untere Ecke jeweils über die beiden Dreiecke bis zu deren Begrenzung.

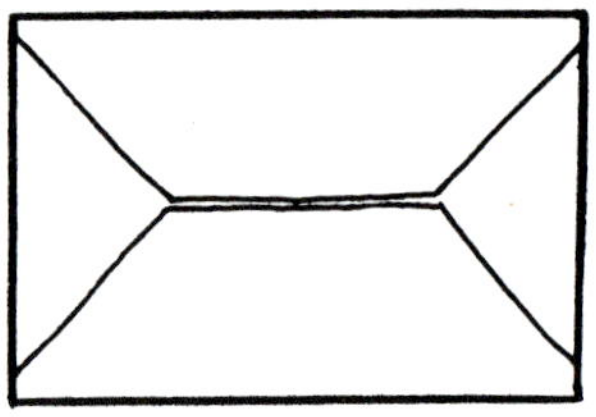

④ Falte die beiden zuletzt entstandenen Brüche von oben und unten an die kurze Mittelbruchlinie.

⑤ Wende die Form und achte darauf, daß die rechteckige Faltform quer zur Tischkante liegt. Falte beide kurze Kanten von rechts und links zur Mitte an die Bruchlinie.

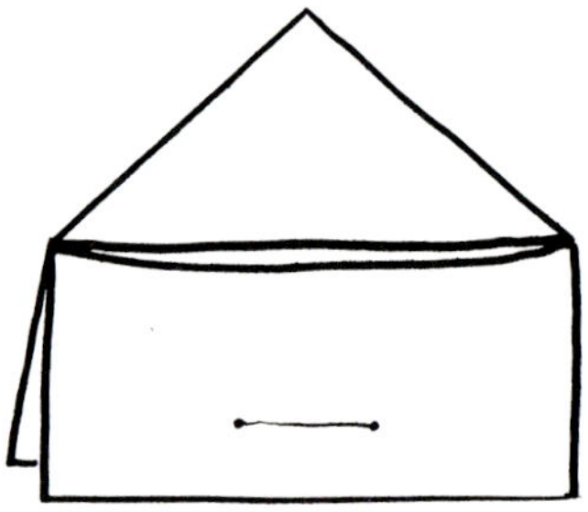

⑥ Falte nun die obere Kante auf die untere und schon entdeckst du die beiden Fächer deiner Geldbörse. Ziehe vorsichtig die dreieckige Deckelklappe aus einem der beiden Fächer heraus. Wenn du das Aufspringen des Deckels verhindern willst, hilft ein kleiner Einschnitt.

⑦ Markiere rechts und links vom Deckel den Verlauf des Einschnitts, verbinde die Punkte durch eine Linie und schneide dort sehr behutsam mit einer spitzen Schere oder einem Messer entlang. Du kannst auch deine Eltern oder ältere Geschwister bitten, das für dich zu tun. Stecke dann die Deckelklappe in den Einschnitt, damit dein Geld nicht herausfällt.

Kaufmannstüte oder Geschenkbeutel **

Du brauchst ein quadratisches Blatt nicht unter 15 cm Kantenlänge. Willst du einen besonders hübschen Geschenkbeutel für Naschereien herstellen, so benutze gemustertes Geschenkpapier und schneide es sorgfältig in gewünschter Größe zurecht.

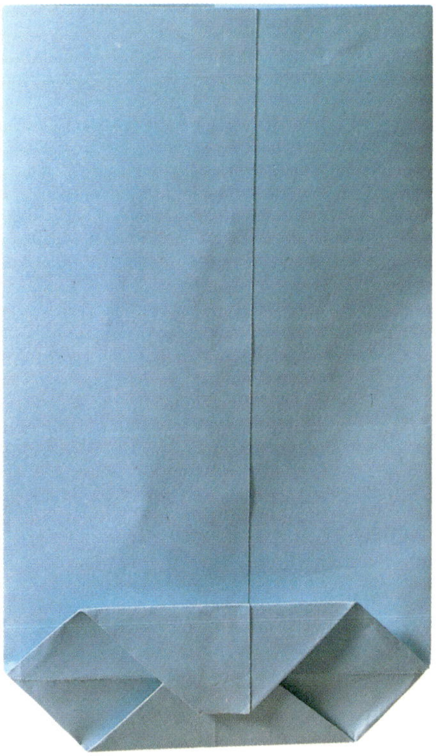

Faltschritte

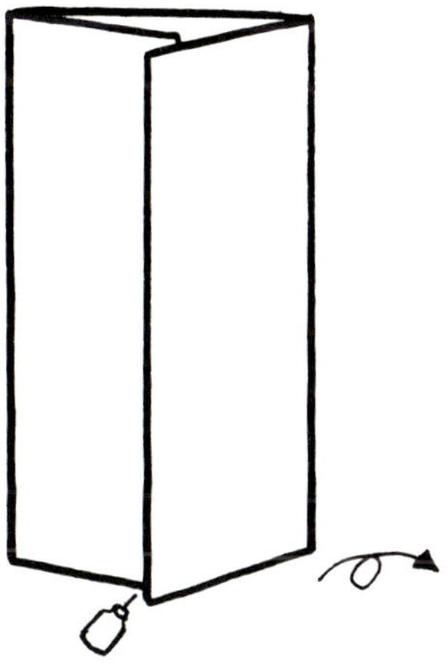

① *Lege das Papier mit der Rückseite obenauf, falte das Buch und öffne wieder.*

② *Falte den Schrank dabei jedoch einige Millimeter über die Mittelbruchlinie hinaus, so daß die Kanten überlappen. Klebe diese Nahtstelle der Tüte von oben bis unten sorgfältig.*

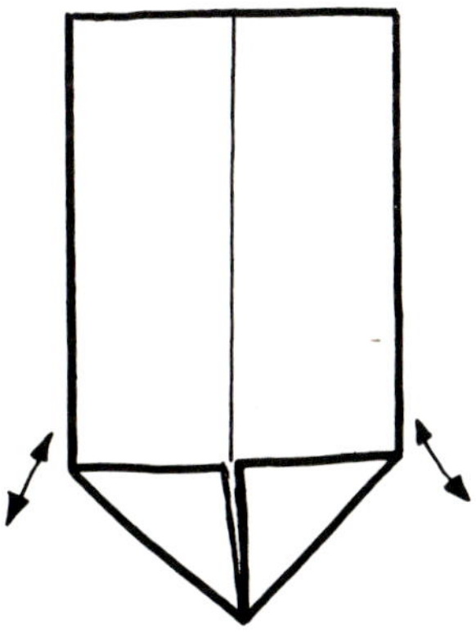

③ *Wende die Faltform. Falte rechte und linke untere Ecke an die Mittelbruchlinie. Falte beide schräge Brüche auch nach hinten als Gegenbrüche und öffne wieder.*

④ *Für den Boden des Beutels falte den unteren Rand so weit nach oben, daß der neue Bruch die beiden schrägen Brüche an den Außenkanten berührt.*

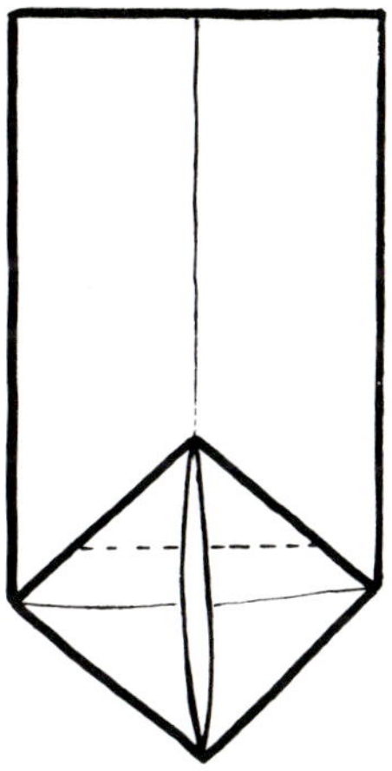

⑤ *Fasse mit dem Daumen in den umgefalteten Rand hinein, drücke fest auf und ziehe nur den obenaufliegenden Rand wieder nach unten. Zwei Dreiecke entstehen.*

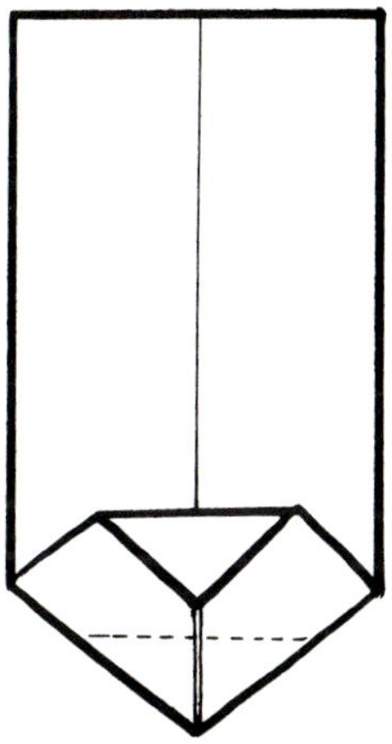

⑥ *Falte nun die obere Ecke des Bodens nach unten ein wenig über die Mitte hinaus (etwa 1 cm).*

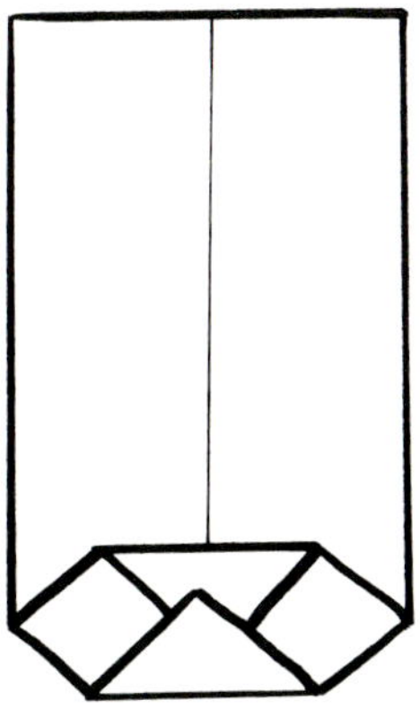

⑦ *Falte in ähnlicher Weise die untere Ecke nach oben und befestige die Überlappung durch Kleben. Der Beutel oder die Tüte ist fertig.*

Viele sehr kleingefaltete Geschenkbeutel kann man auch zur Weihnachtszeit an den Tannenbaum hängen. Faltblattgröße etwa 8 cm x 8 cm.

Möbel für die Puppenstube **

Für die abgebildeten Möbel braucht man zehn gleichgroße quadratische Faltblätter von etwa 12 cm Kantenlänge. Außer dem Tisch entstehen alle Möbel aus der Faltform Bank.

Bank ** (auch Bett und Regal)

Faltschritte

① Lege das Blatt mit der Rückseite obenauf und falte zunächst das Haus mit schrägem Giebel wie Seite 12 beschrieben.

② Drücke die Hausform ganz flach auf den Tisch und falte beide Giebelseiten zur Mitte.

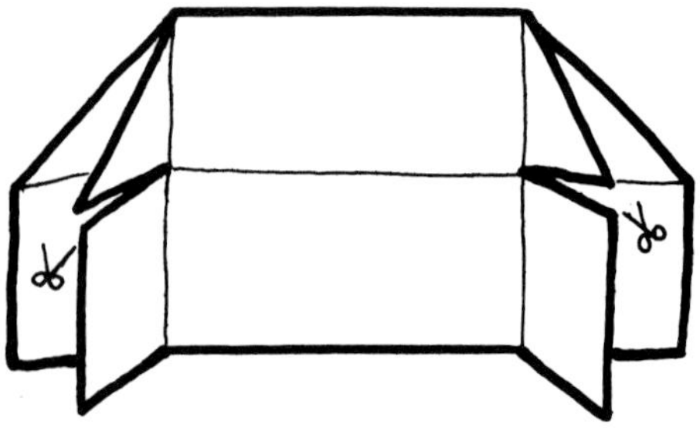

③ Schneide nun beim obenaufliegenden Teil von rechts und dann von links auf dem kurzen Bruch entlang, wie es die Zeichnung zeigt.

④ Wenn du willst, kannst du die beiden lose liegenden Dreiecke von rechts und links in die Faltform einschieben, so daß sie versteckt hinter dem oberen Rechteck (Banklehne) liegen.

⑤ Falte den unteren Teil als Sitzfläche nach oben und die kleinen Quadrate rechts und links nach unten als Beine.

⑥ Drücke die Seitenteile als Armlehnen an die Sitzfläche, klebe sie dort fest und stelle die Bank auf.

Für das Bett brauchst du zwei Bänke als Bettgiebel. Aus einem weiteren Faltblatt falte das Buch und lege die kurzen Kanten auf die Bankflächen, wie das Foto zeigt. Soll ein Regal entstehen, steckt man drei Bänke gleicher Größe übereinander.

Sessel **

Faltschritte

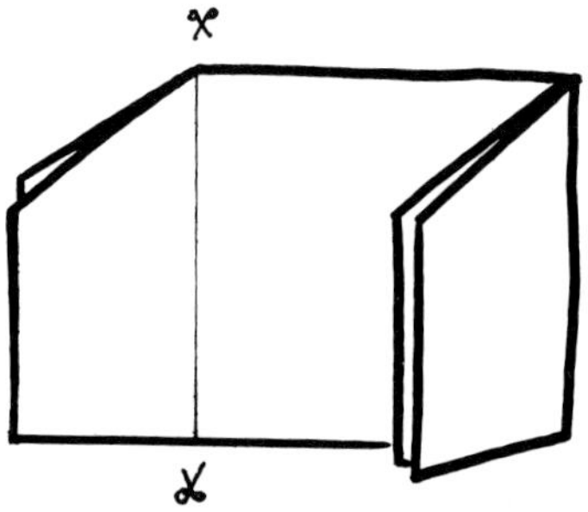

① Falte die Bank bis Schritt 2.

② Öffne die linke Seite wieder und schneide auf der Bruchlinie von unten nach oben den linken Teil ab.

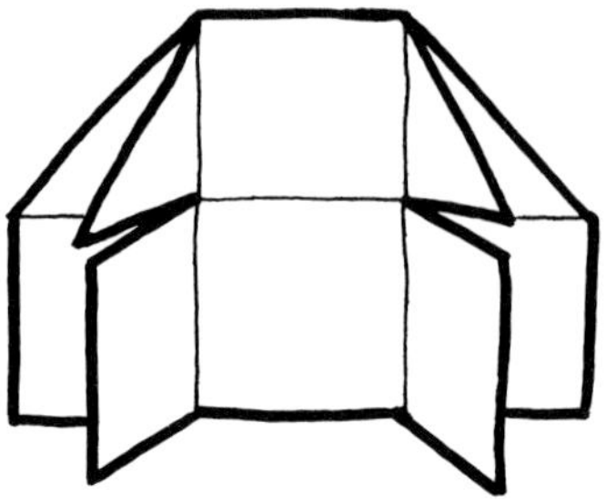

③ Falte an der Schnittkante erneut die Dachschräge in bekannter Weise.

④ Falte nun die Giebelschräge ganz nach rechts bis zur äußeren Bruchkante, so daß beide Schrägen überlappen. Öffne die Seiten wieder und schneide wie bei der Bank auf dem Bruch von rechts und von links nur die obenaufliegende Papierlage ein. Der mittlere Teil bleibt dabei unberührt.

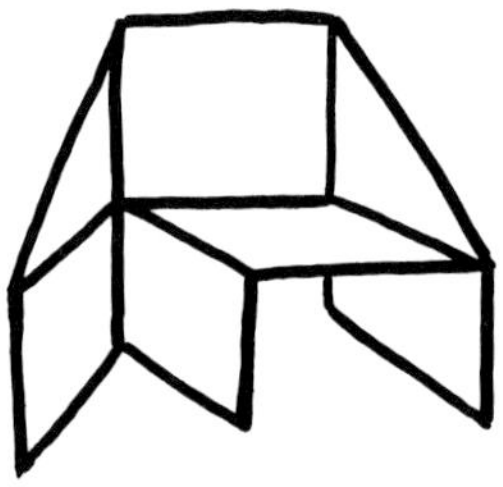

⑤ Stelle den Sessel auf, wie du es von der Bank schon kennst.

Tisch **

Auch der Tisch wird aus einem quadratischen Blatt gefaltet. Es sollte eine ähnliche Größe haben wie die Faltblätter für die beschriebenen Puppenstubenmöbel.

Faltschritte

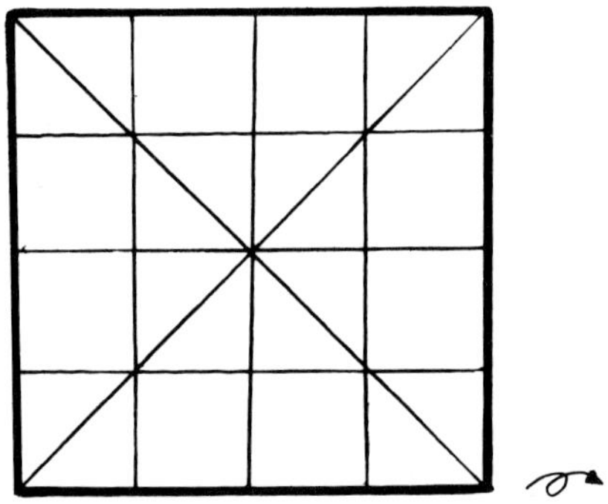

① Falte beide sich kreuzende Mittelbrüche und öffne wieder.

② *Jetzt falte zweimal den Schrank, du erhälst vier Kantenbrüche.*
③ *Falte beide Diagonalbrüche und öffne wieder.*

④ *Wende und falte den Brief, öffne wieder.*

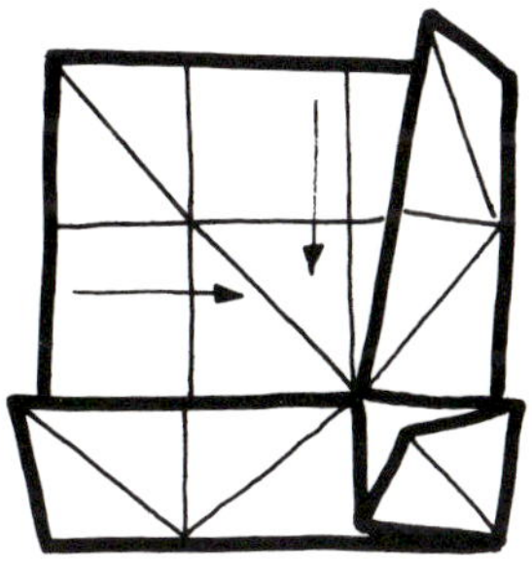

⑤ *Wende und drücke das kleine Quadrat in der Mitte fest auf den Tisch, hebe die vier Außenränder schüsselartig nach oben und klebe die Mitte jeder Kante in der Mitte der Faltform fest. Stelle den Tisch auf die Beine*

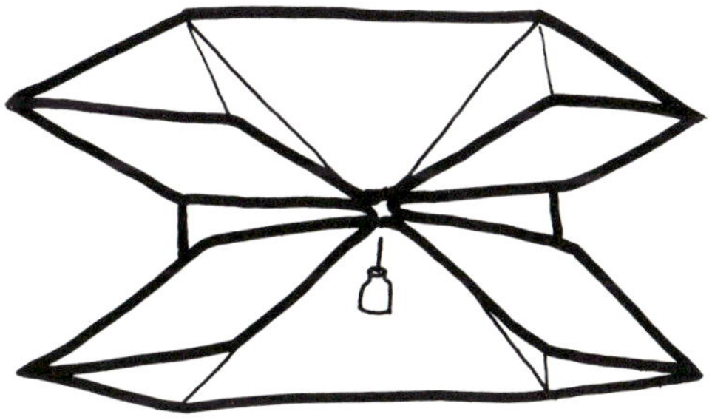

Eine Puppenstube mit selbstgefalteten Möbeln ist schnell hergestellt. Suche dir ein Stück gemustertes Papier, schneide es als Teppich mit Fransen zurecht und lege es unter die Sitzgruppe.

Zum Spielen und Zaubern

Springfrosch **

Mit dem Springfrosch kannst du deine Freunde zu lustigen Wettspielen einladen. Der Frosch springt auf glatter Tischplatte ein Stück nach vorn, wenn du mit dem Finger auf sein Hinterteil drückst. Man muß es schon geschickt anstellen, wenn er schnell die Ziellinie erreichen soll.
Du brauchst ein rechteckiges Blatt, das die Größe zweier Quadrate hat. Wie du es zurechtschneidest, ist auf Seite 7 beschrieben. Es eignet sich Schreibpapier, Zeichen- und Packpapier, aber auch Origami- und Geschenkpapier.

Weite Sprünge erreicht der Frosch durch eine gefaltete Federung unter dem Hinterteil.

Faltschritte

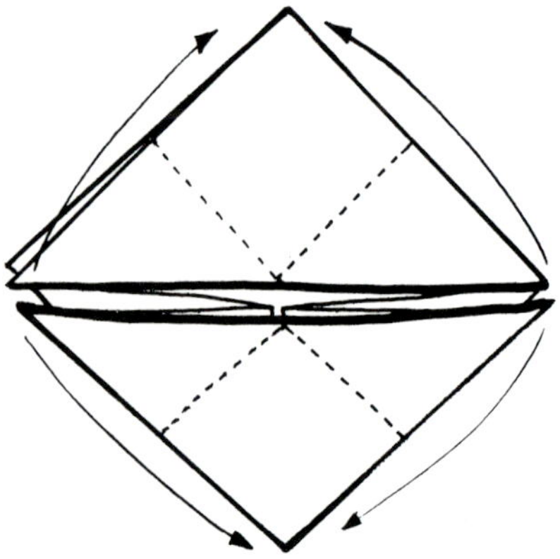

① Jedes der beiden Quadrate muß zum Fliegerdreieck gefaltet werden. Also: Falte bei beiden Quadraten jeweils beide Diagonalbrüche und falte zurück. Wende die Form.

② Falte nun bei jedem Quadrat den querverlaufenden Mittelbruch, falte zurück und wende wieder.

③ Schiebe beide Quadrate zum Fliegerdreieck zusammen.

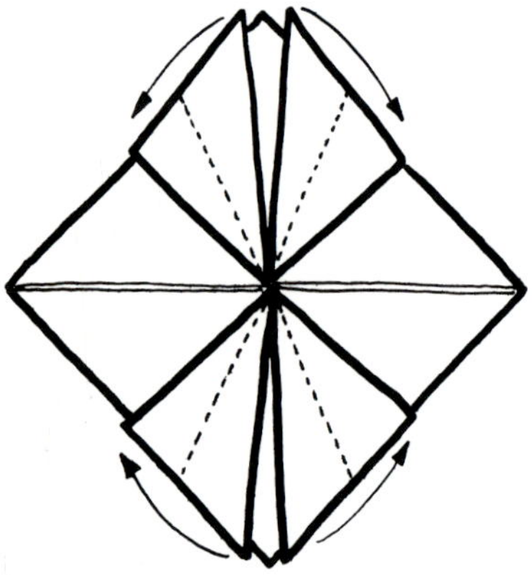

④ Die rechts bzw. links liegenden Spitzen müssen nun beim oberen Dreieck an die obere, beim unteren Dreieck an die untere Ecke gefaltet werden.

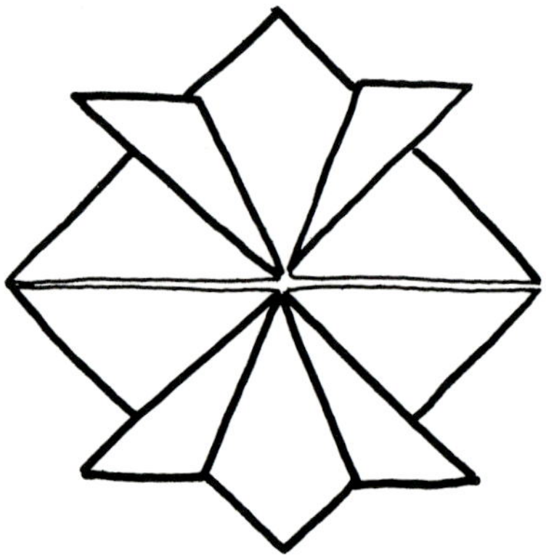

⑤ Jetzt falte die Kanten dieser vier kleinen Dreiecke jeweils nach außen an den zuletzt entstandenen kleinen Bruch.

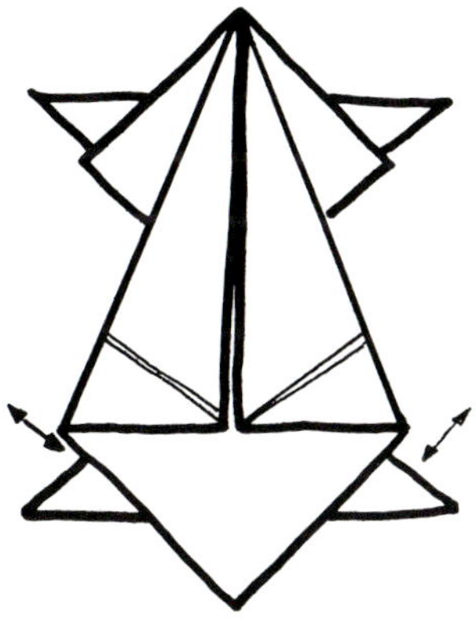

⑥ *Wende nun die Form. Du siehst ein großes Quadrat. Falte die oberen beiden Kanten des Quadrates zur Mitte, ähnlich wie bei der Drachenfaltung.*

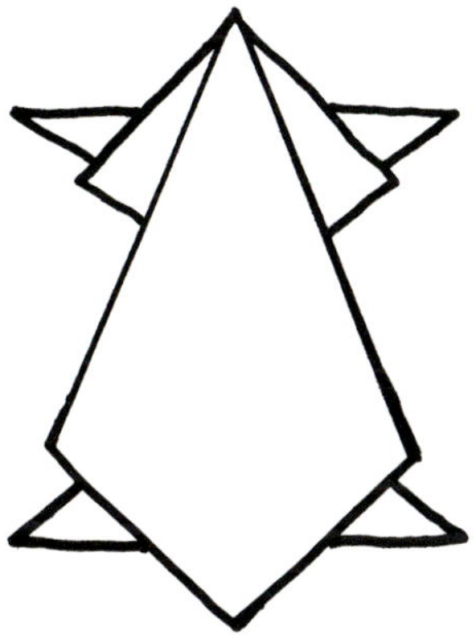

⑦ *Falte die zuletzt entstandenen langen schrägen Brüche als Gegenbrüche, so daß die beiden schmalen Dreiecke direkt unter dem Froschkörper liegen. Du erkennst jetzt deutlich Vorderbeine, Kopf und Hinterteil des Frosches.*

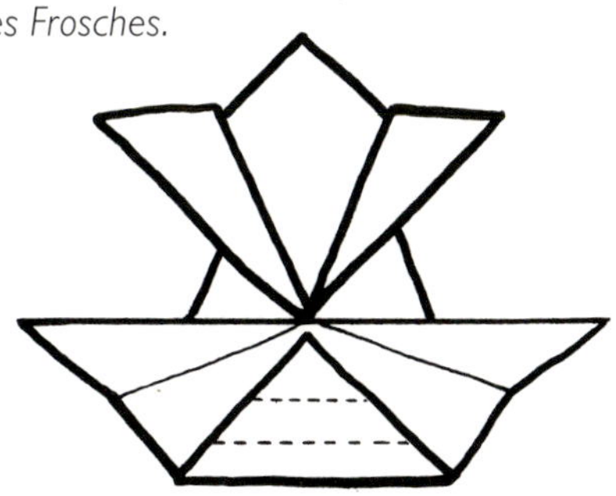

⑧ *Damit dein Frosch gut springen kann, müssen noch einige Brüche am Hinterteil gefaltet werden.*
Wende dazu die Form und ziehe die Hinterbeine weit nach außen. Falte die untere Ecke nach oben fast bis in das durch Bruchlinien gekennzeichnete Dreieck hinein.

⑨ *Jetzt falte die Ecke wieder so weit nach unten, daß etwa die Hälfte des Dreiecks unten übersteht.*

⑩ *Zuletzt falte die überstehende Ecke wieder nach oben um, so daß der neue Bruch mit dem darunterliegenden bündig liegt. Lege dann die Hinterbeine wieder in die vorherige Lage und stelle den Frosch auf die Beine.*
Klebe noch große Froschaugen aus schwarzem und weißem Papier am Kopf auf und probiere dann, wie weit er springen kann.

Fangbecher **

Mit dem schnell und leicht zu faltenden Fangbecher kannst du erproben, wie geschickt du eine Kugel darin auffangen kannst, die an einem Faden hängt.
Je kleiner du den Becher herstellst desto schwieriger wird das Auffangen.
Du brauchst ein quadratisches Blatt von etwa 20 cm Kantenlänge. Es eignet sich Origamipapier, aber auch Schreib-, Zeichen- und Packpapier.

Faltschritte

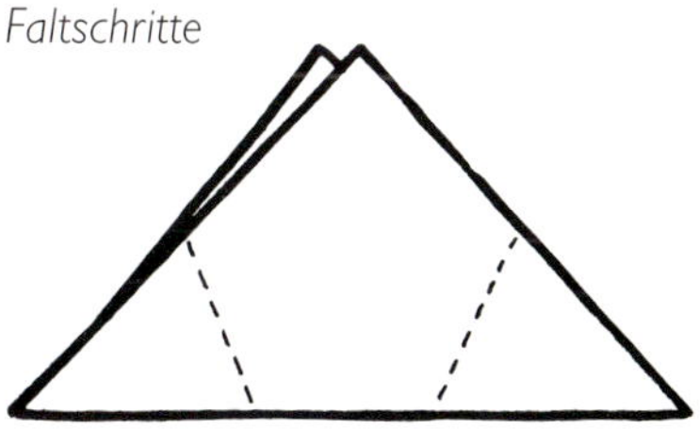

① *Lege die Rückseite obenauf und falte das Kopftuch.*

Etwas Geschick ist schon nötig, um die Kugel im Becher aufzufangen.

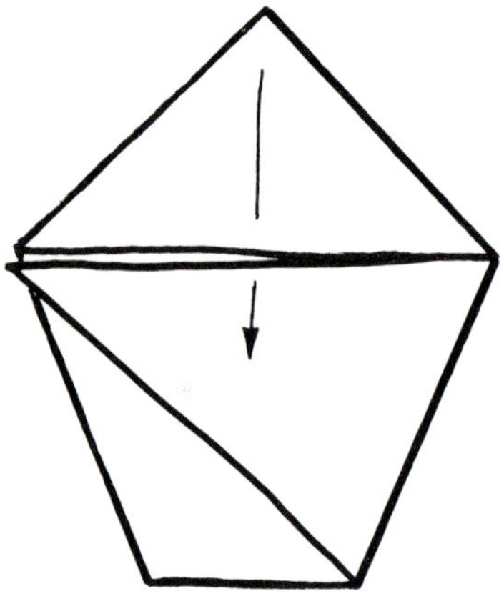

② *Nun falte die linke Spitze so an die rechte schräge Kante, daß oben ein gleichschenkliges Dreieck frei bleibt.*
Die rechte Spitze falte in ähnlicher Weise nach links an die soeben entstandene Ecke.

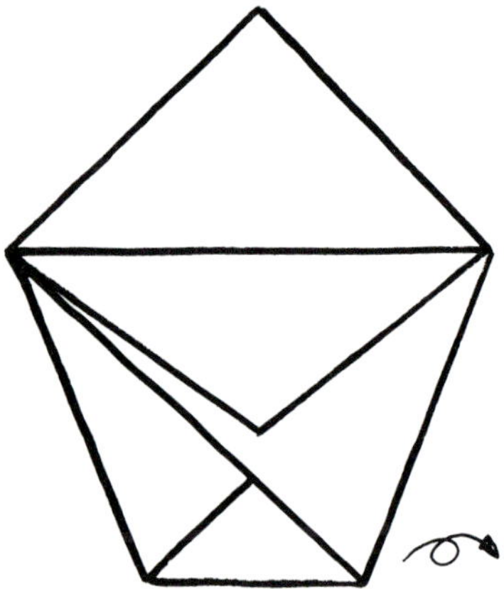

③ *Falte die obere obenaufliegende Ecke so weit wie möglich nach unten.*

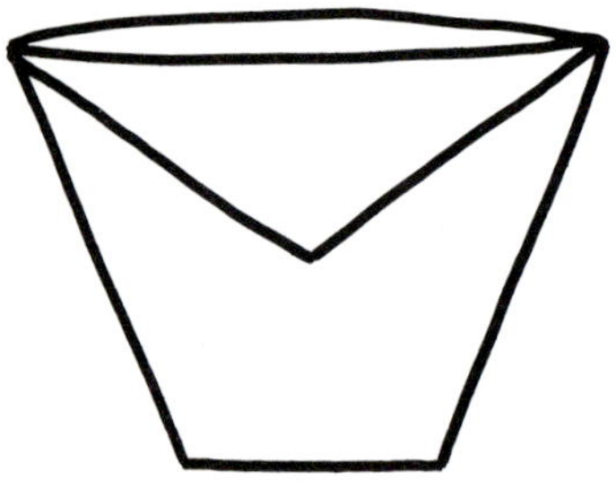

④ *Wende die Form und wiederhole Schritt 3*

Schneide einen Faden aus Wolle oder Garn etwa 50 cm lang, fädle ihn mit einer Stopfnadel durch die Bodenmitte nach unten. Vorsicht! Der Knoten rutscht leicht durch den Boden. Bindest du aber einen kleinen Knopf oder einen kleinen Pappstreifen an das Ende des Fadens, bleibt er fest im Fangbecher hängen. An das andere Ende des Fadens binde eine kirschengroße Perle oder Kugel. Du kannst sie aus einem Stück Knetmasse auch selbst formen und härten, nachdem du das Loch für den Faden mit einem Holzstäbchen oder einem Strohhalm gebohrt hast.
Und nun viel Freude beim Fangspiel.

Knaller **

Der Knaller eignet sich gut für Späße bei Kinderfesten, Faschings- oder Silvesterfeiern. Du kannst mit lautem Knall deine Freunde necken oder mit ihnen wetteifern, wer am häufigsten einen lauten Knall hintereinander erzeugen kann. Er ist einfach zu falten und du brauchst kein teures Papier dazu. Am besten gelingt der Knaller aus Zeitungspapier. Nimm eine Seite aus einer alten Tageszeitung und schneide sie quer in der Mitte durch. Aus jeder rechteckigen Hälfte kannst du einen Knaller herstellen.

Faltschritte

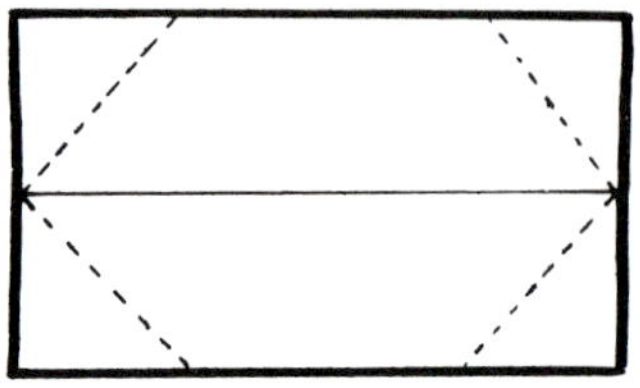

① *Falte den langen Mittelbruch, so daß ein langes, schmales Buch entsteht und öffne wieder.*

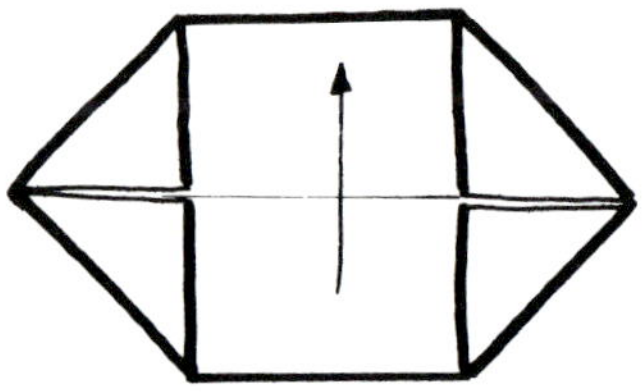

② *Nun falte alle vier Ecken an den Mittelbruch.*

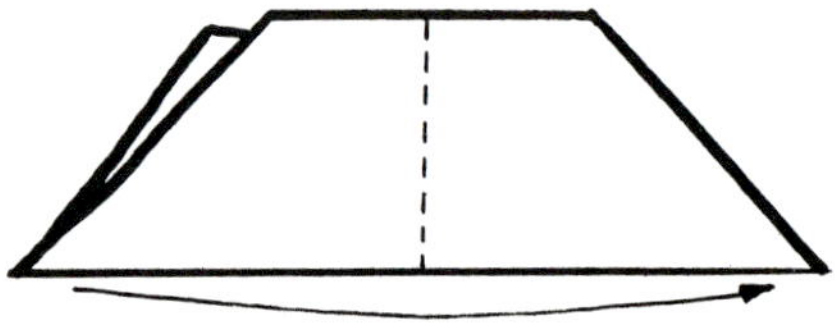

③ *Den bereits vorhandenen Mittelbruch nochmals falten.*

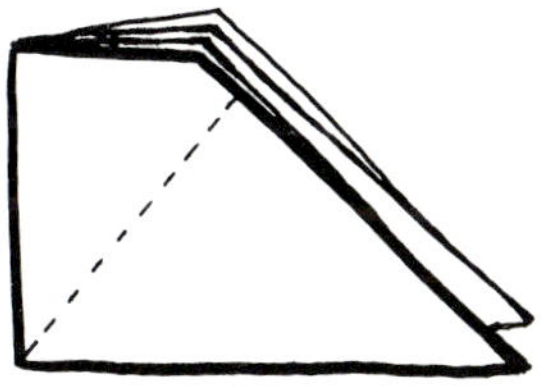

④ *Jetzt falte die linke Spitze genau auf die rechte.*

⑤ *Die obenaufliegende Spitze von rechts unten falte ganz nach oben, so daß links zwei Bruchkanten übereinander liegen.*

⑥ *Wende die Form und falte seitenverkehrt Schritt 5.*

Dein Knaller ist fertig. Faß ihn so, daß die beiden zuletzt gefalteten Spitzen in der Hand liegen und die lange Seite des Knallers nach unten zeigt. Nun schlage ihn sehr schnell und kräftig nach unten, daß er laut knallt.

Zaubertüte **

Mit der Zaubertüte kannst du kleine Dinge wie den Radiergummi, die Haarspange, ein Geldstück o.ä. verschwinden lassen und wieder hervorzaubern. Der Trick funktioniert durch die beiden absolut gleich aussehenden Öffnungen der Tüte. Du brauchst dazu ein rechteckiges Papier, das so groß ist wie zwei nebeneinanderliegende Quadrate. Wie du es herstellen kannst, findest du auf Seite 7 beschrieben.

Faltschritte

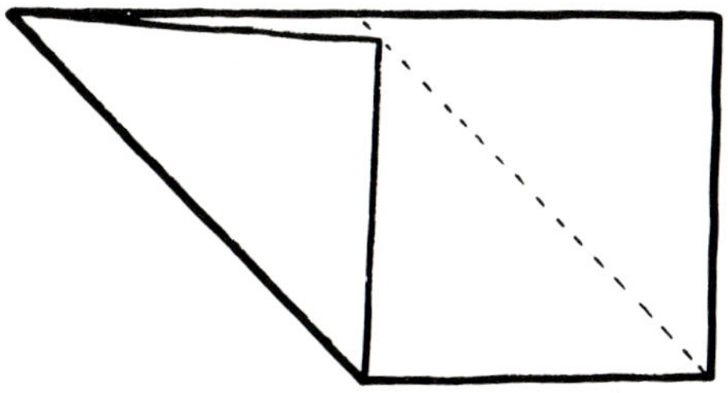

① *Ist der kurze Mittelbruch bereits vorhanden, so lege das Rechteck quer auf den Tisch. Falte die linke untere Ecke schräg nach oben zur Kopftuchfaltung.*

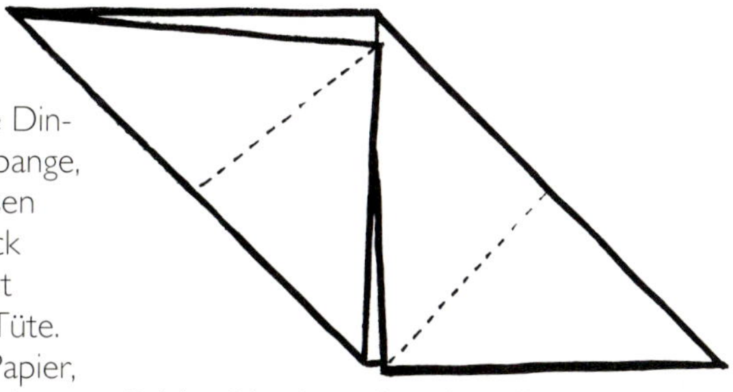

② *Nun falte die rechte obere Ecke schräg nach unten zum Kopftuch in gegenläufiger Richtung.*

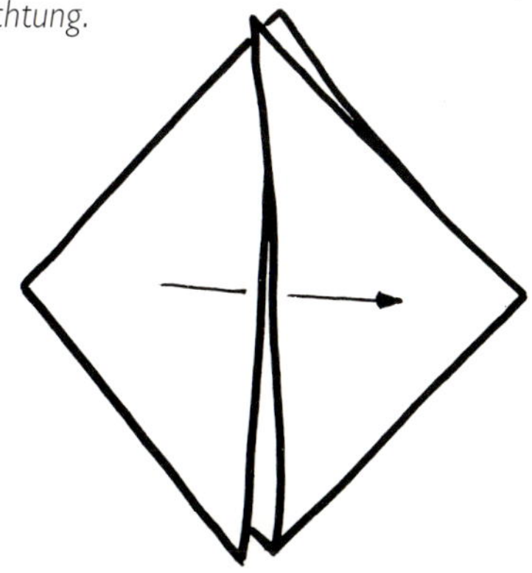

③ *Die linke obere Spitze muß nun nach unten und die rechte untere nach oben gefaltet werden.*

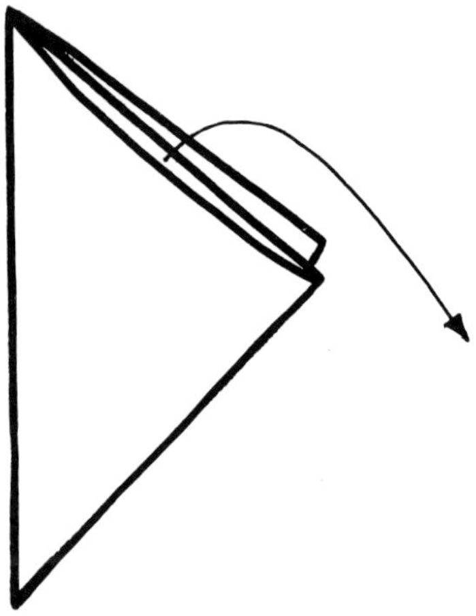

④ *Du siehts jetzt ein Quadrat, das aus zwei Dreiecken besteht. Falte das linke Dreieck genau auf das rechte, so daß die Form schon tütenähnlich aussieht.*

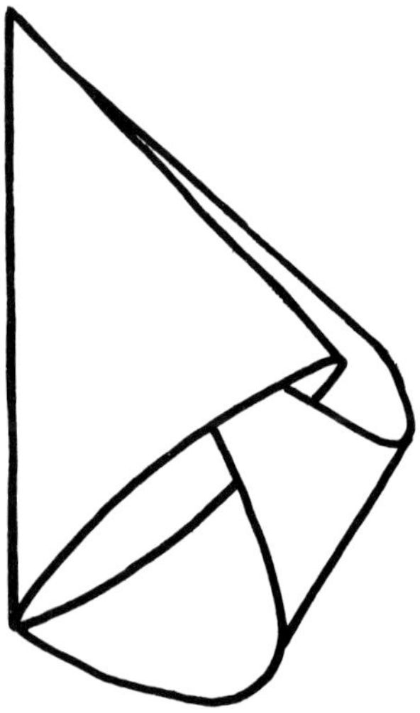

⑤ *Schau von oben in die Tüte. Du siehst drei Bruchkanten. Ziehe die mittlere schräg nach unten heraus und schiebe die Spitze in die zweite Tütenöffnung von unten her ein. Die Zaubertüte mit den zwei Öffnungen ist fertig. Jetzt probiere das Zaubern.*

Zappelkasper **

Einen lustigen, beweglichen Zappelkasper kannst du dir aus der dehnbaren Faltform Hexentreppe herstellen.
Du brauchst dazu verschiedenfarbiges Papier, Nadel und Faden sowie für den Kopf eine Kugel oder große Perle, die du auch aus Knetmasse selbst herstellen kannst. Sie sollte ein wenig kleiner sein als ein Tischtennisball, ein Faltblatt 10x10 cm für den Hut. Schneide dir sorgfältig folgende Papierstreifen:

Für den Rumpf zwei Streifen etwa 3 cm breit, etwa 25 cm lang
für die Arme vier Streifen etwa 2 cm breit, etwa 70 cm lang
für die Beine vier Streifen etwa 2 cm breit, etwa 80 cm lang
für die Halskrause einen Streifen 2 cm breit, etwa 25 cm lang.

Faltschritte für die Hexentreppe

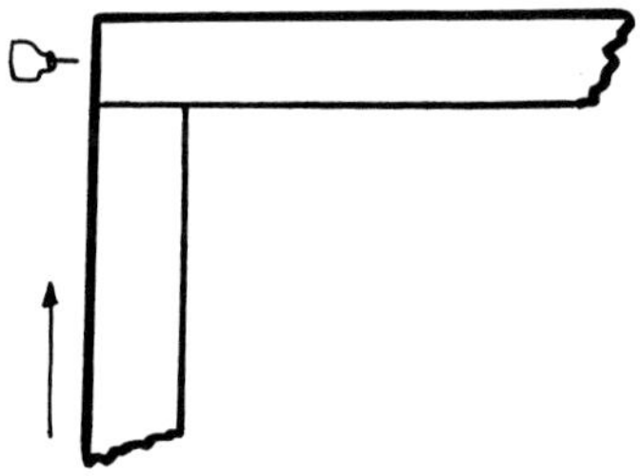

① *Nimm zwei Streifen, z.B. für die Arme, lege die Anfänge rechtwinklig übereinander, daß der querliegende Streifen darüber liegt und klebe beide zusammen.*

② *Falte den unteren Streifen nach oben.*

③ *Jetzt falte den rechten Streifen nach links und weiter*
von oben nach unten
von links nach rechts
von unten nach oben ...
bis die Streifen aufgebraucht sind. Es entsteht eine dehnbare Hexentreppe.

Den Papierstreifen für die Halskrause falte in ganz schmalen Teilen zum Fächer, auch Treppe genannt, fädle ihn an einem Ende auf einen Faden und verknüpfe Anfang und Ende miteinander.

Faltschritte Hut

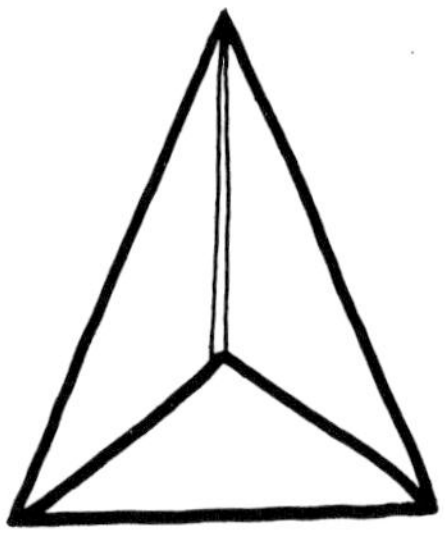

① *Lege das Faltblatt mit der Rückseite obenauf, falte den Drachen.*
Falte die untere Ecke nach oben.

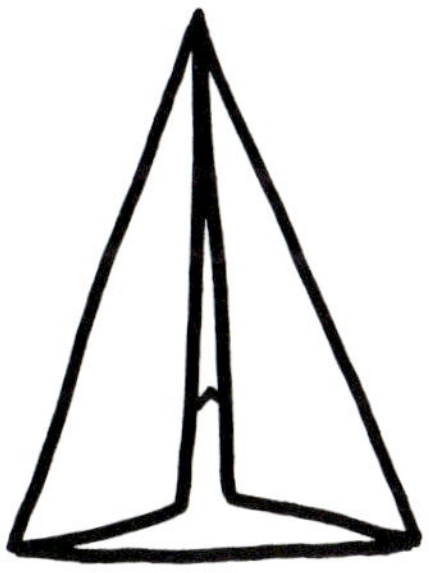

② Schiebe das untere Dreieck in den Drachen ein, daß nur noch die beiden schmalen Dreiecke sichtbar sind.

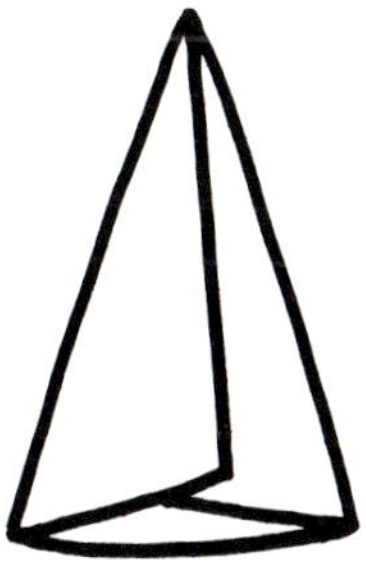

③ Schiebe nun beide schmalen Dreiecke so weit übereinander, daß der Hut auf den Kasperkopf paßt und klebe den Hut längs zusammen. Soll der Kasper Locken tragen, schneide einige schmale Papierstreifen (2 bis 3 mm breit), klebe sie innen an den Hutrand und biege sie ein wenig nach außen.

Jetzt kannst du die wichtigsten Teile des Zappelkaspers schon zusammensetzen:
- Fädle einen dünnen, aber festen Faden durch eine Stopfnadel.
- Binde das Ende des Fadens an einen kleinen Knopf oder eine kleine Pappscheibe.
- Nimm die kurze Hexentreppe für den Rumpf und ziehe die Nadel unter der obersten Stufe in der Mitte von unten nach oben durch.
- Fädle dann mitten durch die Halskrause, durch den Kopf und schließlich durch den Hut.
- Nun erst klebe Arme und Beine an, indem du jeweils die Enden der Hexentreppen ein wenig übereinander schiebst.
- Schuhe, Handschuhe wie auch die Gesichtsformen kannst du nach freier Phantasie schneiden und aufkleben. Das Foto zeigt eine Möglichkeit.

Das Zusammensetzen des Zappelkaspers erfordert geschickte Hände und Geduld. Aber der Erfolg belohnt dich.

Wasserspiele

Zum Spielen im Wasser kannst du die Boote und Schiffe selbst anfertigen. Geeignet sind Origamipapiere, Schreib- und Zeichen-Papiere. Auch aus der Zeitung kannst du Schiffe falten. Sehr günstig ist Transparentpapier, da es nicht so schnell durchweicht wie andere Papierarten.

Schiff *

Das Schiff wird aus rechteckigem Papier gefaltet etwa von der Größe deines Zeichenblocks DIN A4 oder größer.

Faltschritte

① Falte das Buch über den kurzen Mittelbruch.

② Jetzt falte kurze Kante auf kurze Kante und zurück.

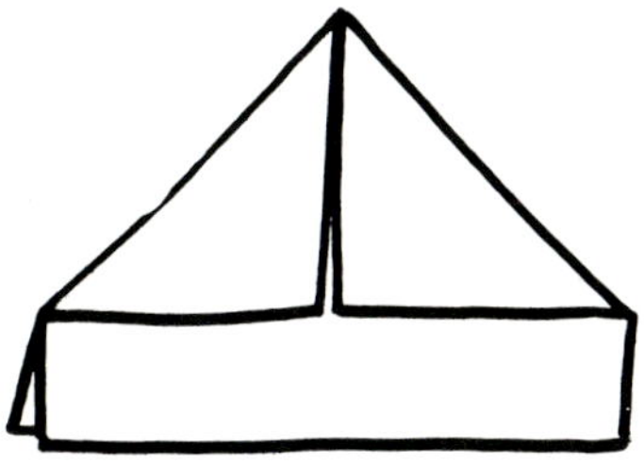

③ Genau wie beim Helm falte beide obere Ecken an die Bruchlinie.

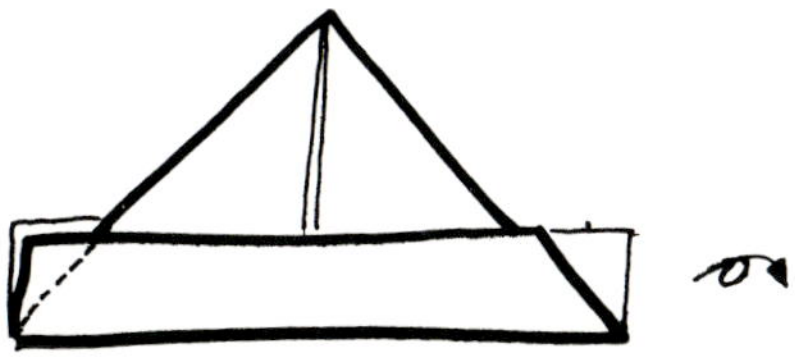

④ Nun falte den unteren Rand nach oben über die Dreiecke, wende und falte dort ebenso.

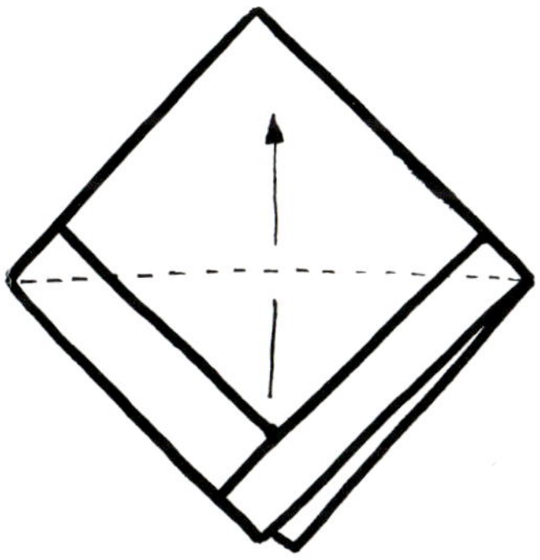

⑤ Ziehe die Form am unteren Rand breit, so daß ein Quadrat entsteht.

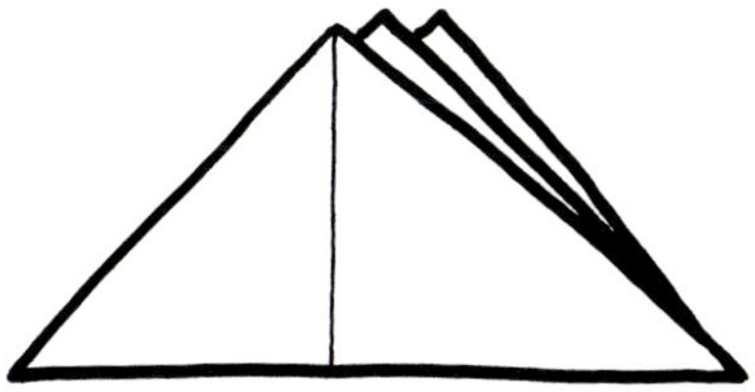

⑥ Falte die obenaufliegende Ecke von unten ganz nach oben. Wende und vollziehe den Schritt nochmals. Eine dreieckige Form ist entstanden.

⑦ Ziehe das Dreieck an der Öffnung breit, so daß wieder ein Quadrat entsteht.

⑧ Fasse die beiden oberen Spitzen und ziehe sie vorsichtig auseinander. Die Bordwände deines Schiffes richten sich auf.

Dampfer **

Für den Dampfer brauchst du ein möglichst großes quadratisches Blatt von mindestens 20 cm Kantenlänge.

Faltschritte

① Falte zuerst den einfachen Brief.

② Wende und falte erneut die vier Ecken zur Mitte als Doppelbrief.

③ Wende nochmals und falte wieder den Brief, also den Dreifachbrief (bei Grundformen).

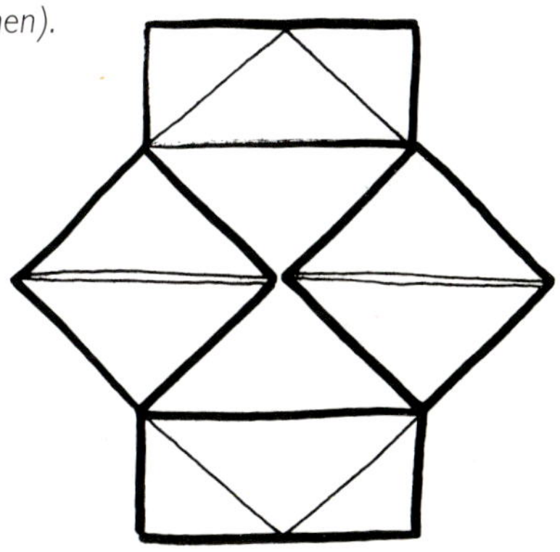

④ Wende die quadratische Form und lege sie mit einer Ecke zur Tischkante. Du erkennst vier kleine Quadrate. Hebe das obere und untere Quadrat leicht an, und schiebe dabei die inneren Ecken nach außen. Drücke die nun entstandenen Rechtecke flach als Schornsteine des Dampfers.

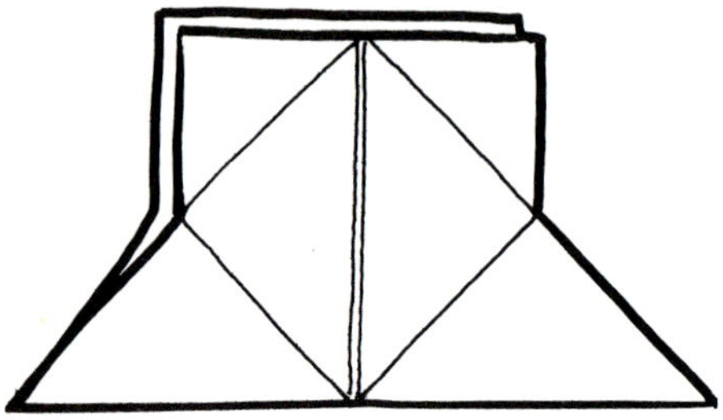

⑤ *Falte den unteren Schornstein auf den oberen.*

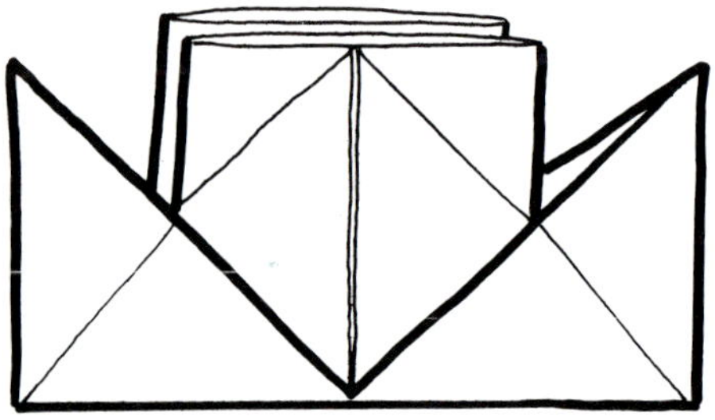

⑥ *Fasse zwischen den Schornsteinen in den Dampfer und ziehe Bug und Heck heraus.*

Segelboot ***

Du brauchst ein mittelgroßes Faltblatt von etwa 12 bis 15 cm Kantenlänge. Es ist günstig, wenn es nur einseitig farbig ist.

Faltschritte

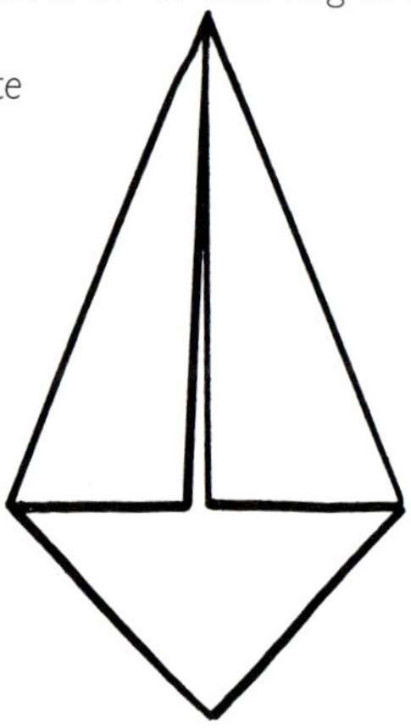

① *Lege die farbige Seite obenauf. Falte den Diagonalbruch und dann den Drachen. Drehe ihn mit der Spitze nach oben.*

② *Falte die linke Drachenhälfte auf die rechte.*

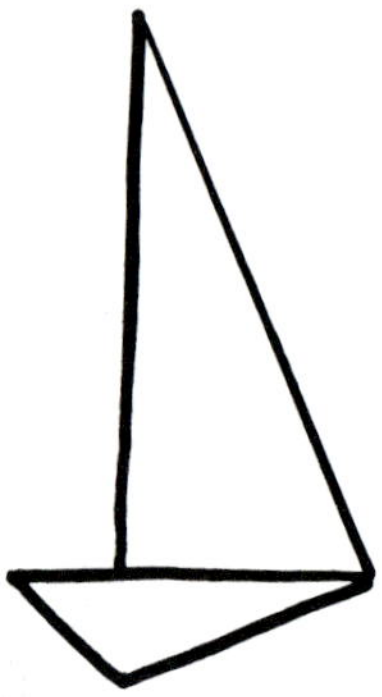

③ *Jetzt falte die untere kurze Kante schräg nach oben, so daß mit dem Segel ein rechter Winkel entsteht, öffne wieder und falte nach hinten zum Gegenbruch und zurück.*

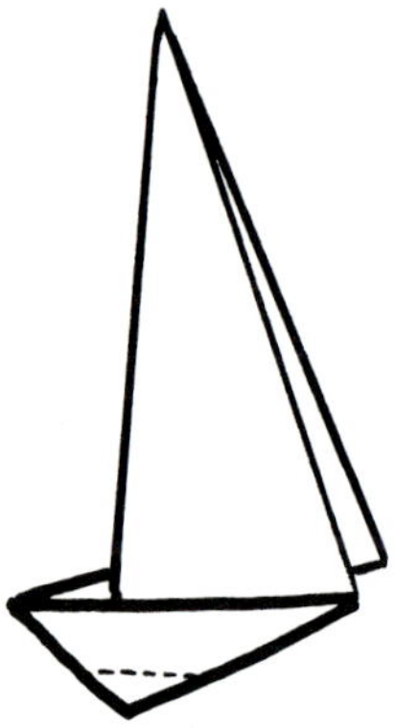

④ *Öffne das Segel von rechts leicht, stülpe das untere kleine Dreieck nach oben um und drücke das Segel wieder zusammen.*

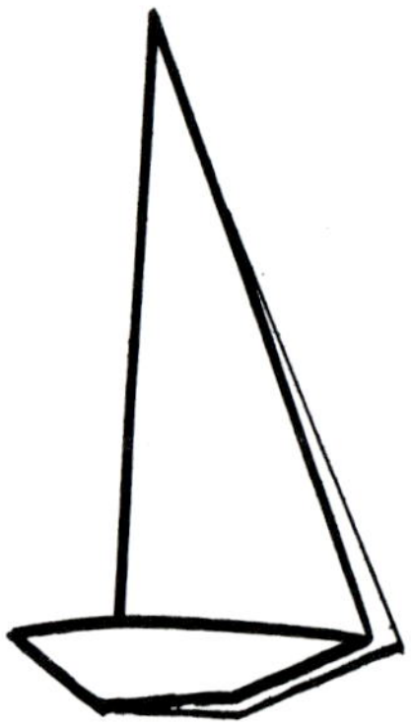

⑤ *Falte die untere Ecke am Boot um, daß eine kurze Bruchkante entsteht, falte auch als Gegenbruch und zurück.*

⑥ *Spreize wieder leicht das Segel und drücke das kleine Dreieck am Boden vorsichtig in das Bootsinnere ein. Drücke oder klebe das Segel wieder zusammen.*

Was sich im Wind bewegt

Drachen als Wand- oder Fensterschmuck *

Du brauchst für den Drachen ein quadratisches Faltblatt von beliebiger Größe sowie verschiedenfarbiges Papier für das lustige Gesicht und den Schwanz. Die Drachenfaltung gehört zu den einfachen Grundformen.

Faltschritte

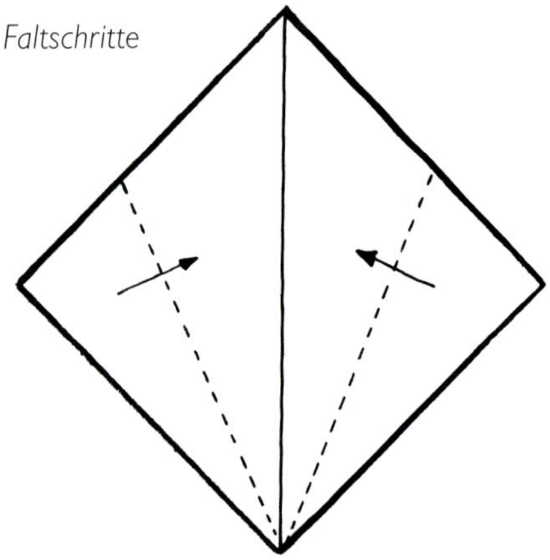

① Lege die Rückseite obenauf, falte den Diagonalbruch und öffne wieder.

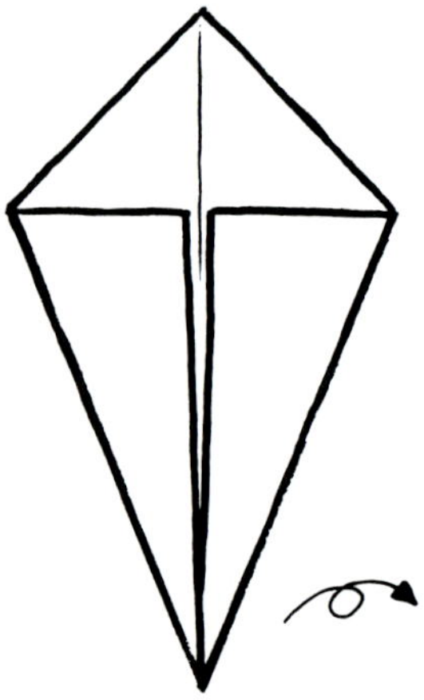

② Falte beide untere Kanten an den Bruch. Wende den Drachen für das weitere Gestalten.

Einfache Windmühle *

Am besten eignet sich für die einfache Mühle fester Zeichenkarton. Schneide ein Quadrat von mindestens 15 cm Kantenlänge. Du brauchst außerdem zwei erbsengroße Perlen, einen kurzen Nagel und ein Stöckchen.

Faltschritte

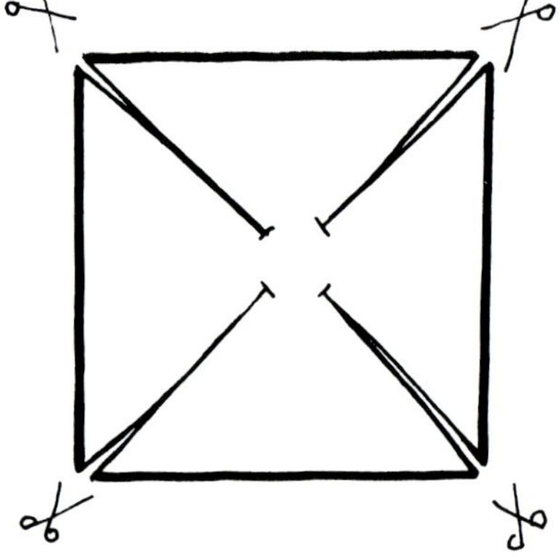

① Falte zweimal das Kopftuch, daß die Brüche sich kreuzen, und öffne wieder. Miß mit einem Lineal auf den Brüchen vom Mittelpunkt aus jeweils 2 cm ab und markiere die vier Stellen mit dem Bleistift. Schneide nun von den Ecken aus auf den Brüchen entlang bis zu den Markierungen.

② Biege die jeweils rechts vom Einschnitt liegende Spitze zum Mittelpunkt und klebe sie dort fest. Zur besseren Befestigung kannst du noch eine andersfarbige runde Papierscheibe darüberkleben. Der Nagel mit der Perle wird in der Mitte durch die Mühle geführt. An der Rückseite kann man den Nagel mit zweiter Perle durch leichte Hammerschläge am Stöckchen befestigen. Bitte dazu deine Eltern um Unterstützung.

Feste Windmühle **

Für die feste Mühle solltest du ein recht großes quadratisches Faltblatt wählen, keinesfalls kleiner als 20 x 20 cm. Auch bei dieser Windmühle brauchst du für das Zusammenbauen zwei Perlen, einen Nagel und ein Stöckchen.

Faltschritte

① Falte zuerst die Grundform Tischtuch wie auf Seite 10 (Zweimal Buchfaltung und öffnen - zweimal Schrankfaltung und öffnen - zweimal Kopftuchfaltung und öffnen - wenden, Brieffaltung, wenden)

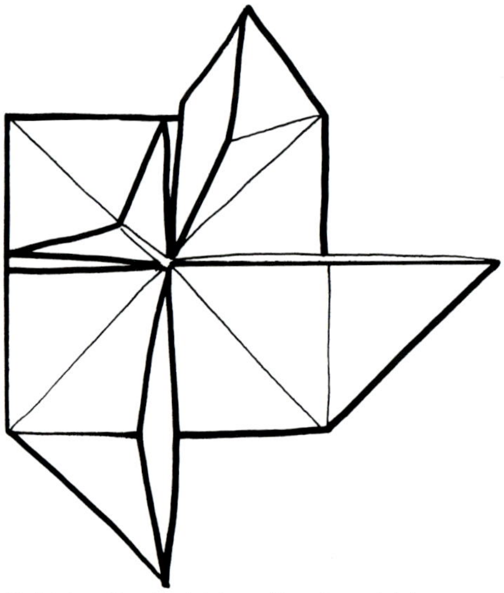

② Hebe die vier kleinen Quadrate leicht an und drücke sie in eine Richtung, also alle nach links oder alle nach rechts.
Du erkennst jetzt die vier Flügel der Mühle. Da sie hohl sind, fängt der Wind sich gut darin und treibt die Mühle an. Befestige die Mitte durch Aufkleben einer runden Papierscheibe. Das Zusammenbauen geschieht wie bei der einfachen Windmühle.

Düsenjäger ***

Wenn du schon sehr geschickte Hände hast, wird dir der pfeilschnelle Düsenjäger gut gelingen. Du brauchst ein großes quadratisches Faltblatt von mindestens 20 cm Kantenlänge. Schreib- und Origamipapier sind am besten geeignet.

Faltschritte

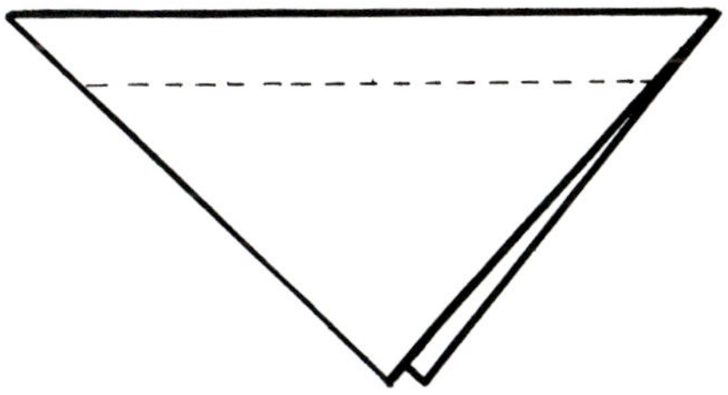

① Falte das Kopftuch und drehe die Ecke zur Tischkante.

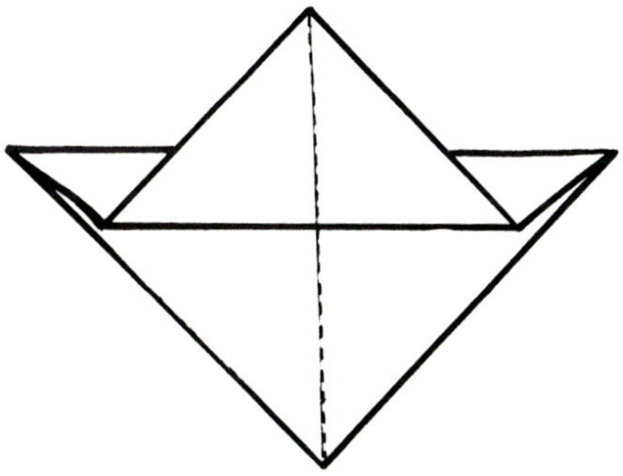

② Nun falte die obenaufliegende Ecke so weit nach oben, daß der neue Bruch etwa zwei Finger breit unter dem großen Bruch liegt.

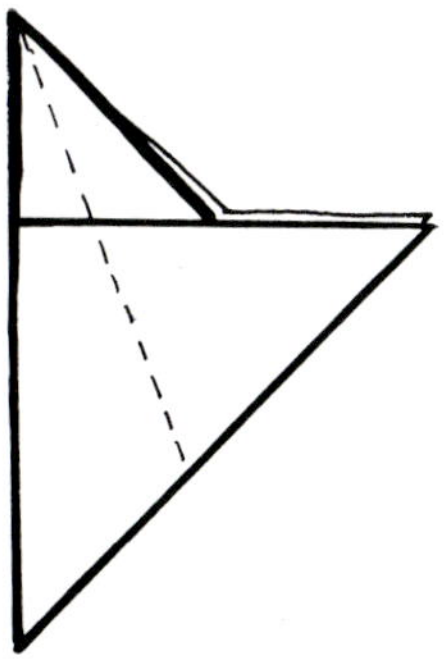

③ Lege den linken spitzen Flügel genau auf den rechten, ziehe den entstehenden senkrechten Bruch gut nach und falte zurück.

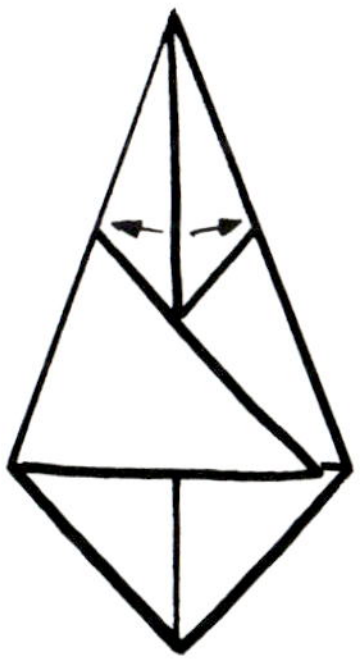

④ Falte jetzt rechte und linke Kante des oberen Dreiecks an den mittleren Bruch, ähnlich wie bei der Drachenfaltung.

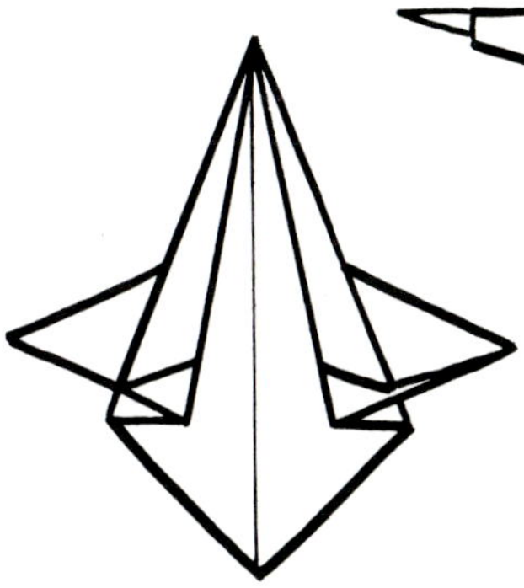

⑤ Falte beide Kanten von der Mitte her nach rechts und links an die Bruchkanten.

⑥ Jetzt falte die obere Spitze des Fliegers etwa 3 cm nach unten.
Falte die Spitze wieder nach oben, so daß der neue Bruch etwa 1 cm unter dem oberen Bruch liegt.

⑦ Nun falte die rechte auf die linke Seite und drehe die Flügel zur Tischkante.

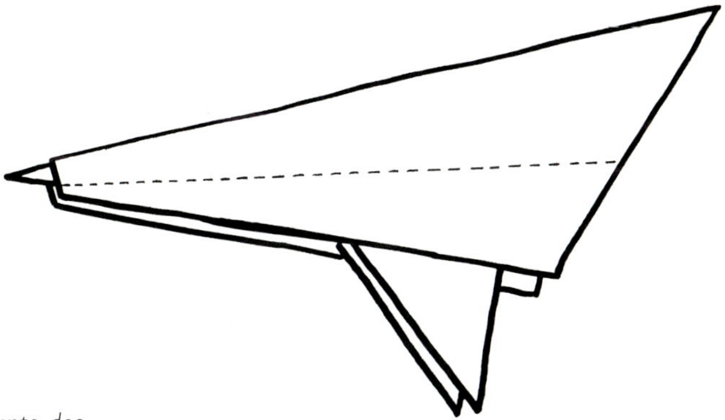

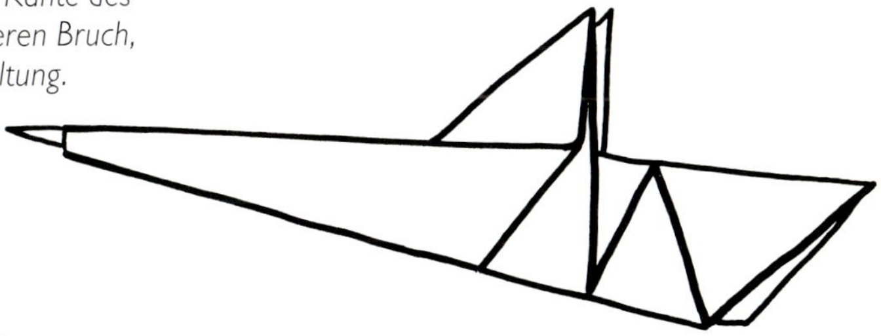

⑧ Falte jetzt die untere obenaufliegende Bruchkante mit dem Flügel nach oben an den langen Bruch, auf der Rückseite in gleicher Weise. Wende den Flieger, faß ihn von unten an der mittleren Talfalte und laß ihn durch die Luft segeln.

Zum Verkleiden

Unterschiedliche Hüte und Mützen brauchst du für dich oder deine Puppen vor allem in der Fastnachtszeit und für Märchenspiele. Sie lassen sich ganz einfach und schnell falten. Willst du dich selbst damit schmücken, wähle das Papier so groß wie die Seite einer Tageszeitung. Für deine Puppen brauchst du nur die Hälfte oder kleiner. Alle hier beschriebenen Kopfbedeckungen werden aus rechteckigem Papier gefaltet und entstehen sämtlich aus der Helmform.

Zum Falten eignet sich außer Zeitungspapier auch Packpapier und buntes Geschenkpapier.

Helm *

Faltschritte

① Falte das Buch über den kurzen Mittelbruch.

② Falte das Taschentuch und öffne wieder. Dieser Bruch dient nur zur Markierung der Mitte.

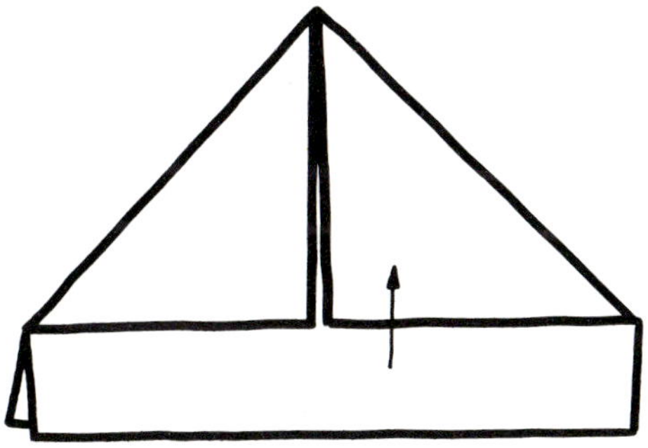

③ Nun falte wie beim Schiff obere rechte und linke Kante an den mittleren Bruch.

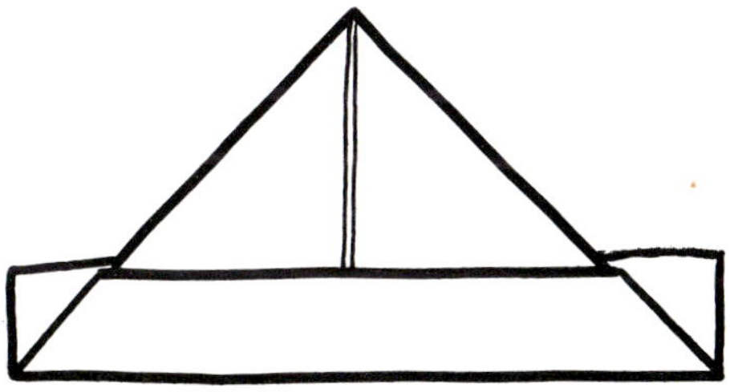

④ Den unteren obenaufliegenden Rand falte nach oben und knicke die beiden überstehenden Ecken nach hinten. Wende und falte in gleicher Weise. Der Helm ist fertig.

Holländermützchen *

Faltschritte

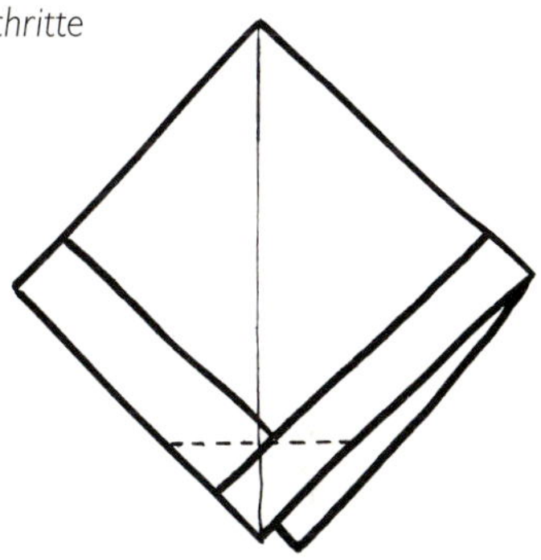

① Falte den Helm wie beschrieben, ziehe ihn am unteren Rand breit, daß eine quadratische Form entsteht.

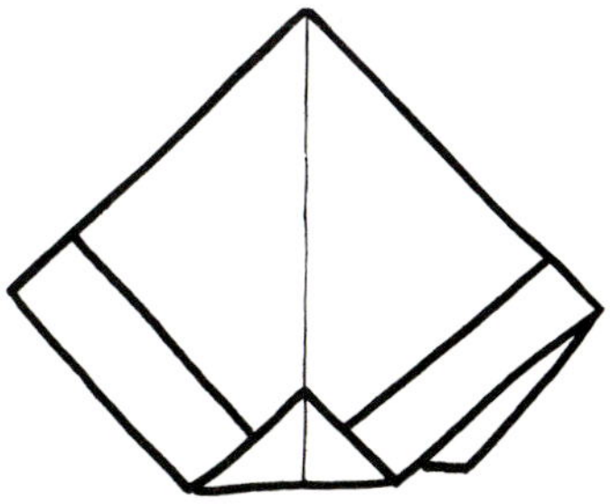

② Nun falte die obenaufliegende Ecke etwa 3 cm um, auf der Rückseite ebenso. Dann ziehe das Mützchen an den Ecken breit und probiere, ob es gut paßt.

Rotkäppchen-mütze **

Faltschritte

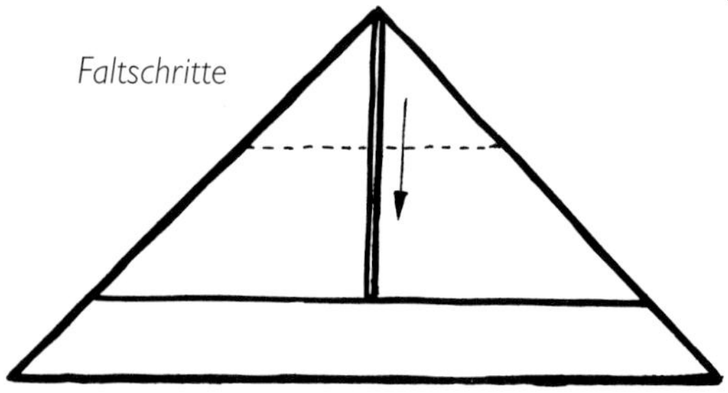

① Falte zuerst den Helm. Lege die Seite obenauf, wo an der Helmspitze beide Dreiecke sichtbar sind.

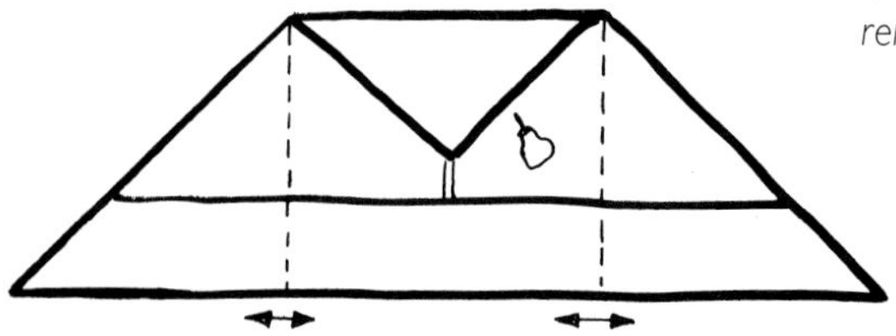

② Jetzt falte die Helmspitze etwa 5 cm nach unten. Sollte der Rand sehr breit sein, schiebe sie dahinter und klebe sie fest.

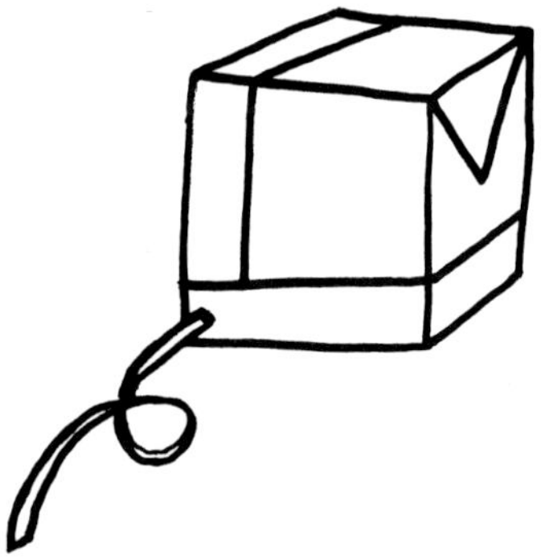

*③ Falte nun an den beiden markierten Stellen zwei Gegenbrüche und falte zurück. Sie dienen zur besseren Formung des Mützchens.
Ziehe das Mützchen am unteren Rand breit und hefte zwei Bänder oder Schnüre von je 40 cm Länge an den Ecken an.*

Brauchst du eine Haube für Rotkäppchens Großmutter oder für Frau Holle, dann falte die Rotkäppchenmütze in weißem Papier und bringe am vorderen Rand eine Rüsche aus feinem Stoff oder Kreppapier an.

Jägerhut *

Faltschritte

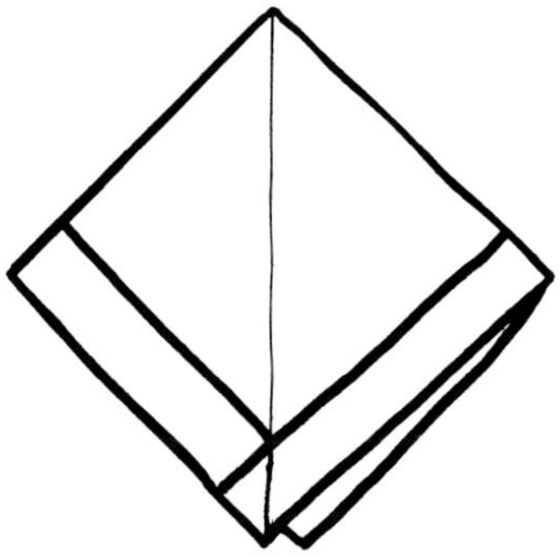

① Falte den Helm und ziehe ihn am unteren Rand breit zu einer quadratischen Form.

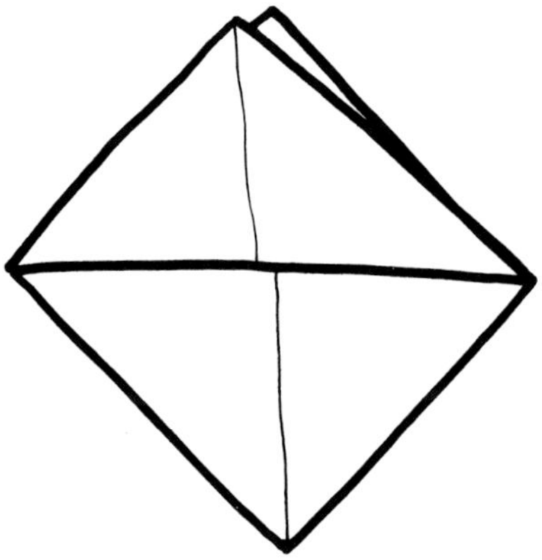

② Nun falte die obenaufliegende Ecke vom unteren Rand ganz nach oben.

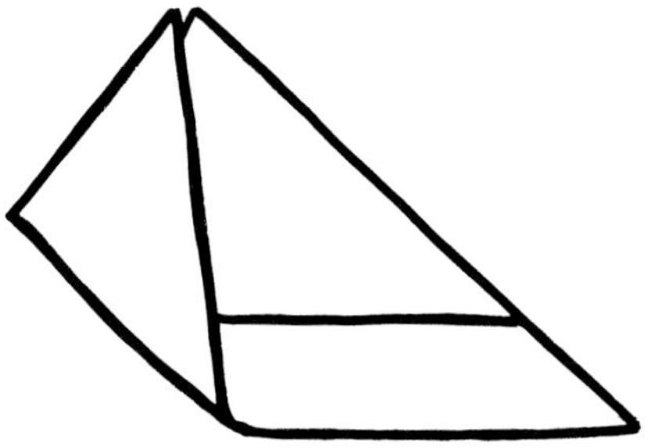

③ Ziehe den Hut am Kopfrand wieder in Längsrichtung und setze ihn mit dem Aufschlag nach hinten auf den Kopf. Als Schmuck kannst du eine Blume oder eine Feder hinter den Rand stecken.

Soldatenkäppi **

Faltschritte

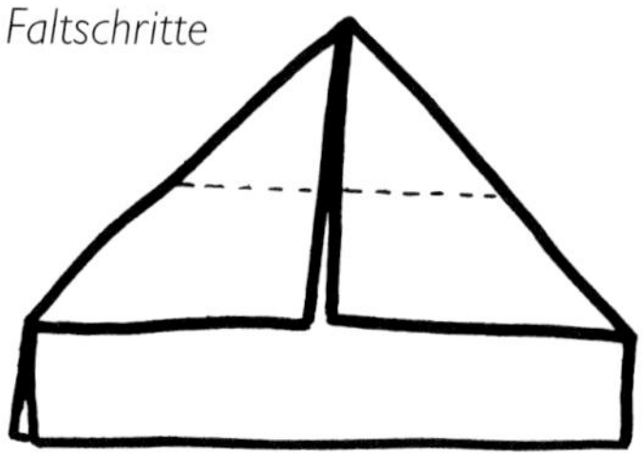

① Falte den Helm bis Schritt 3.

② Nun falte die Helmspitze nach unten bis an das Ende der beiden Dreiecke.

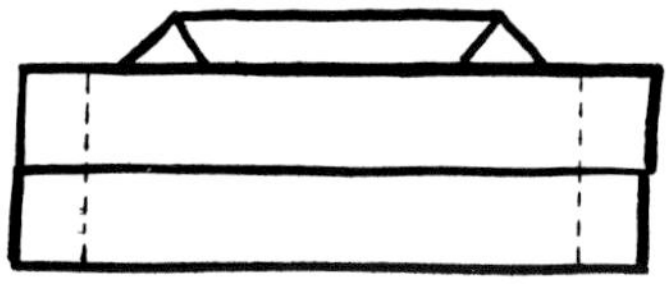

③ Falte den obenaufliegenden Rand von unten nach oben.

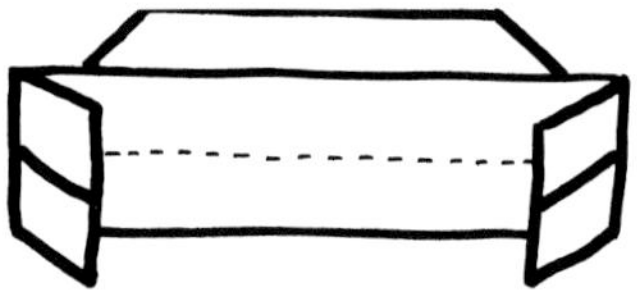

④ Wende das Käppi und falte linke und rechte Seite etwa zwei Finger breit ein. Hiermit bestimmst du die Kopfweite. Bemerkst du am Schluß, daß das Käppi dir zu groß ist, mußt du etwas mehr einfalten.

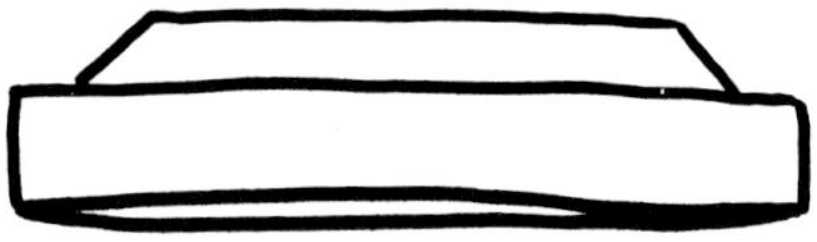

⑤ Nun falte den unteren Rand nach oben und probiere das Käppi an.

Zum Verschenken

Verschenkst du gern selbstgemalte Bilder oder Fotografien? In einem Rahmen wirkt jedes Bild viel schöner. Er hebt dein Bild gut hervor. Du kannst Bilderrahmen selbst herstellen ebenso wie kleine Kästchen und Körbchen für Geschenke.

Quadratischer Bilderrahmen zum Aufhängen *

Für den Bilderrahmen eignet sich Origamipapier, aber auch farbiger Zeichenkarton, Geschenk- oder Packpapier. Achte darauf, daß du das Quadrat sehr genau schneidest, es sollte nicht kleiner als 20 x 20 cm sein.

Faltschritte

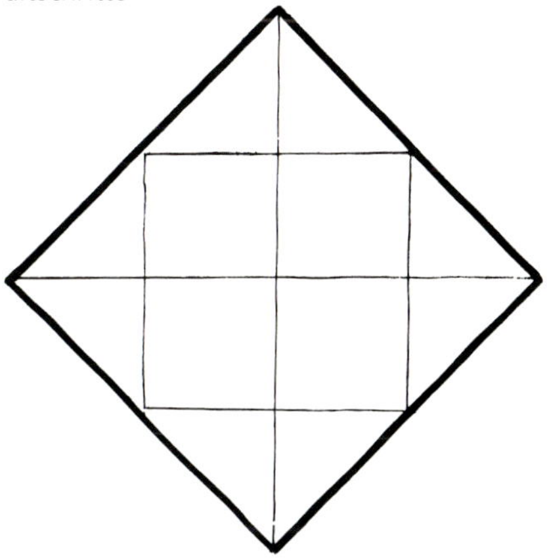

① *Lege die Rückseite obenauf und falte zweimal das Kopftuch, also beide Diagonalbrüche und öffne wieder.*
Falte den Brief.

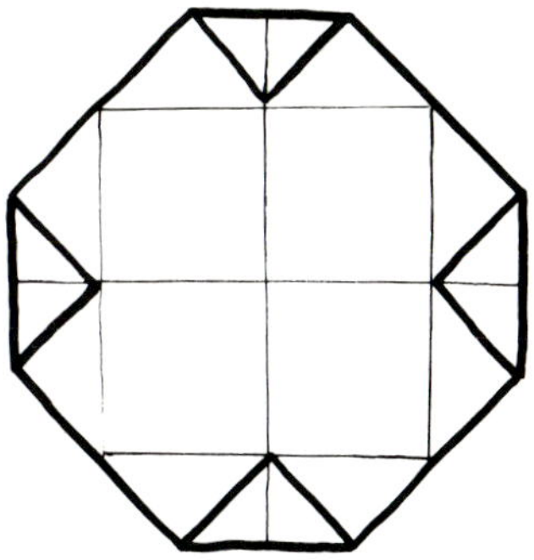

② *Öffne die Faltform und falte jede Ecke bis zur ersten Bruchkreuzung um.*

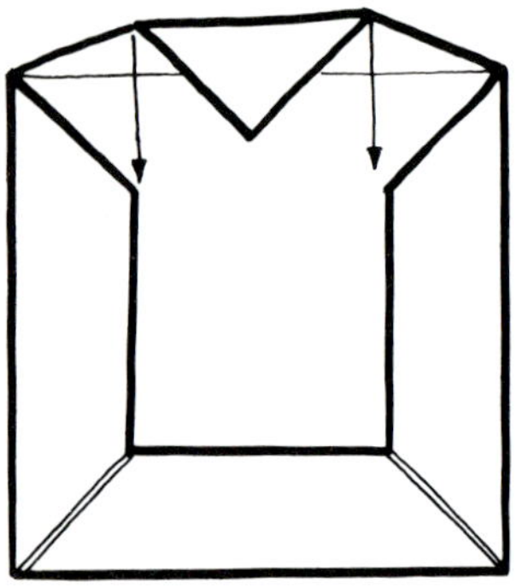

③ Falte nun die Ränder auf den bereits vorhandenen Brüchen nach innen, so daß die kleinen Dreiecke nicht mehr sichtbar sind. Schiebe dein Bild in den Rahmen und klebe die Ränder fest. Klebe auch an der Rückseite genau in der oberen Mitte eine kleine Fadenschlinge zum Aufhängen an.

Aufstellbarer Bilderrahmen **

Für diesen rechteckigen Bilderrahmen eignet sich farbiges Zeichen-, Geschenk- oder Packpapier am besten. Es sollte rechteckig sein, mindestens in der Größe deines Zeichenblocks im Format DIN A4 (21 cm x 29,7 cm).

Du kannst den Rand noch mit einer Schmuckkante verzieren. Verwende dazu am besten Pinsel- oder Stempeldruck, geschnittene oder gezeichnete Formen

Faltschritte

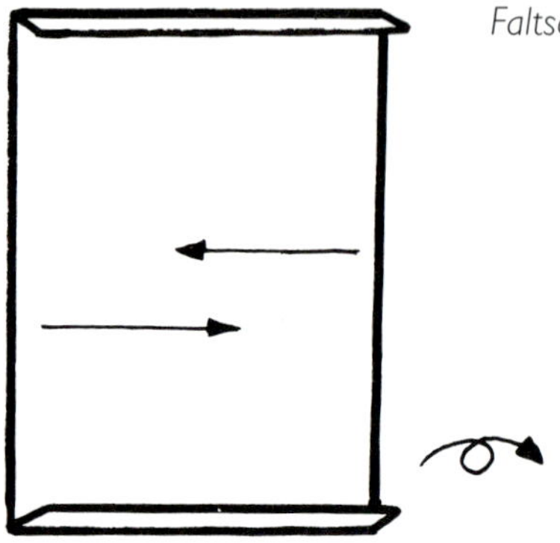

① Lege das Blatt mit der Vorderseite obenauf und falte beide kurze Kanten etwa 3 cm um.

② Wende das Blatt und falte die beiden langen Kanten so zu einer gedachten Mittellinie, daß sie dort etwa 1 cm überlappen.

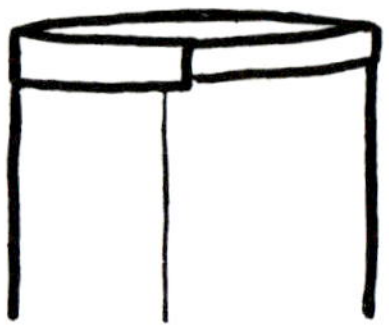

③ Schiebe nun an den umgefalteten Rändern die Teile ineinander.

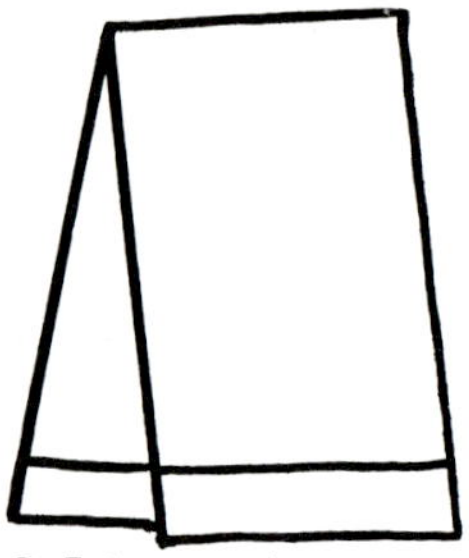

④ Falte nun den unteren Rand genau auf den oberen, stelle den Bilderrahmen auf die "Beine" und schiebe das Bild in den Rand ein.

Faltschachteln

Für Faltschachteln eignet sich Origamipapier, auch Zeichen-, Geschenk- oder Packpapier. Wähle möglichst große quadratische Formate.

Einfache Faltschachtel oder Körbchen **

Faltschritte

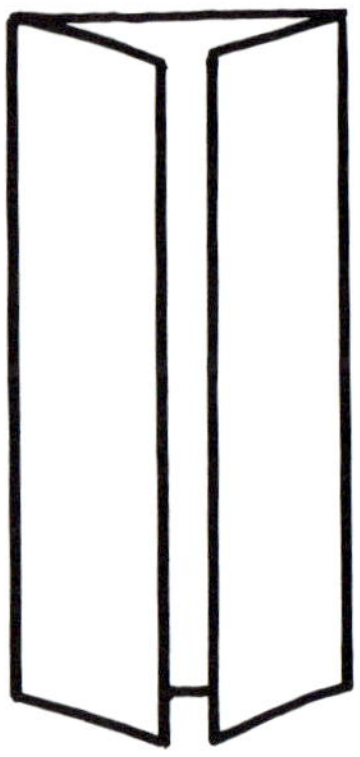

① Lege die Rückseite obenauf, falte das Buch und öffne. Falte den Schrank.

② Jetzt falte sehr sorgsam beide in der Mitte liegende Kanten etwa 1 cm um, streiche die beiden Brüche gut aus und falte die Ränder wieder zurück zur Mitte.

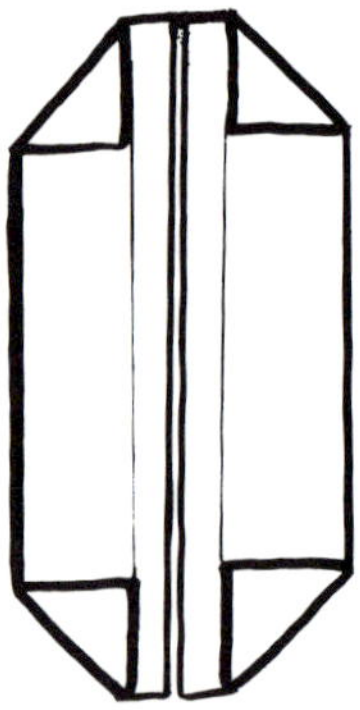

③ Nun falte alle vier Ecken an die zuletzt entstandenen Brüche.

④ Falte wieder die beiden Ränder um, diesmal über die Dreiecke.

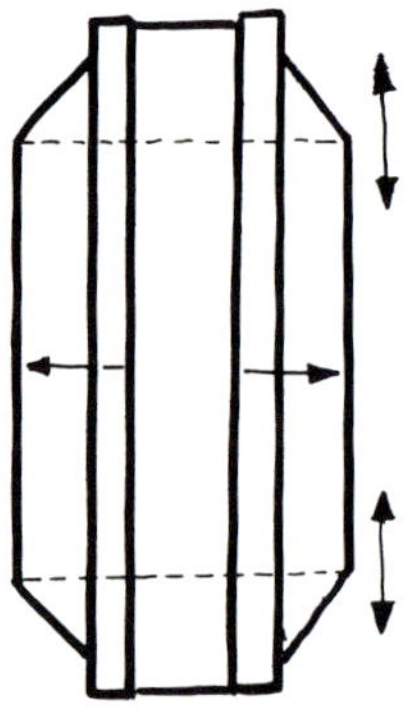

⑤ Falte nun untere und obere Kante so weit um, daß die Brüche mit den Dreiecken abschließen. Falte diese Brüche auch nach hinten (Gegenbrüche) und wieder zurück.

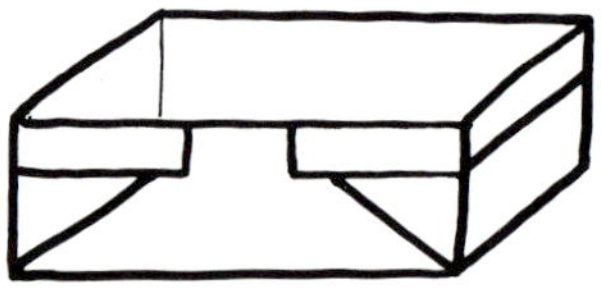

⑥ Fasse die beiden Ränder in der Mitte und ziehe sie vorsichtig auseinander. Die Seitenwände der Schachtel richten sich auf.

Willst du ein Körbchen gestalten, so schneide einen 2 cm breiten 25 cm langen Streifen aus gleichem Papier und klebe ihn als Henkel an wie das Foto zeigt. Der Festigkeit wegen kannst du ihn auch doppelt oder dreifach kleben.

Feste Faltschachtel mit Deckel **

Faltschritte

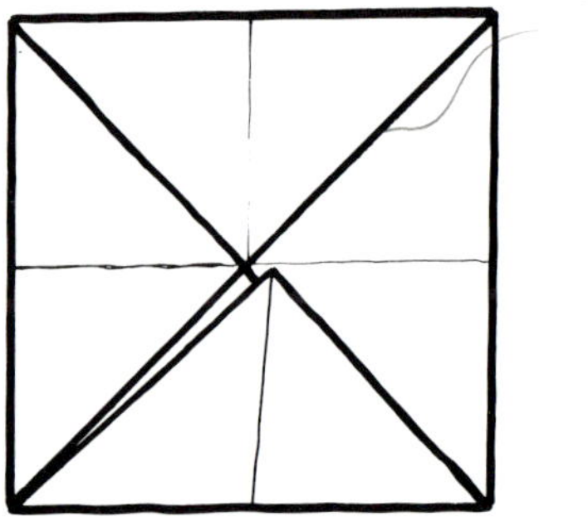

① Lege die Rückseite des quadratischen Blattes obenauf. Falte den Brief.

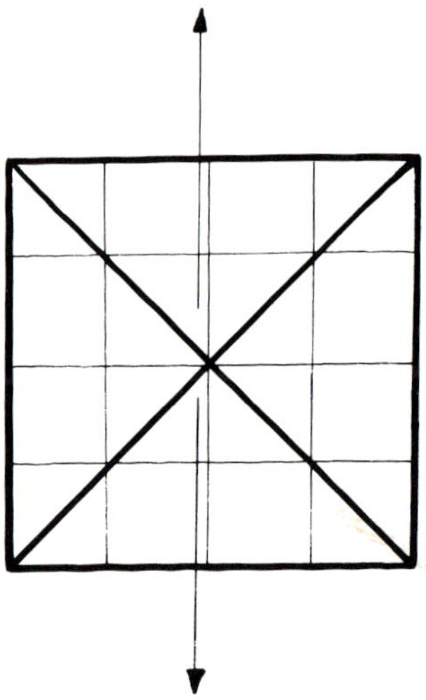

② Aus dem Brief faltet man zweimal den Schrank. Es entstehen vier neue Brüche. Falte zurück.

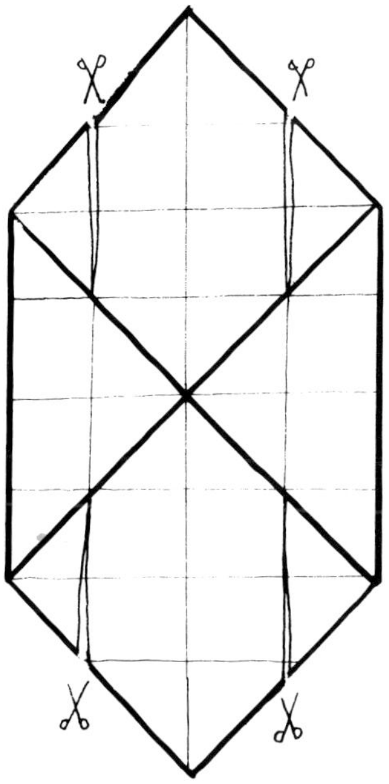

③ Klappe das obere und das untere Dreieck auf. Schneide jeweils rechts und links der beiden Ecken auf den Brüchen bis zur zweiten Bruchkreuzung ein (siehe Zeichnung).

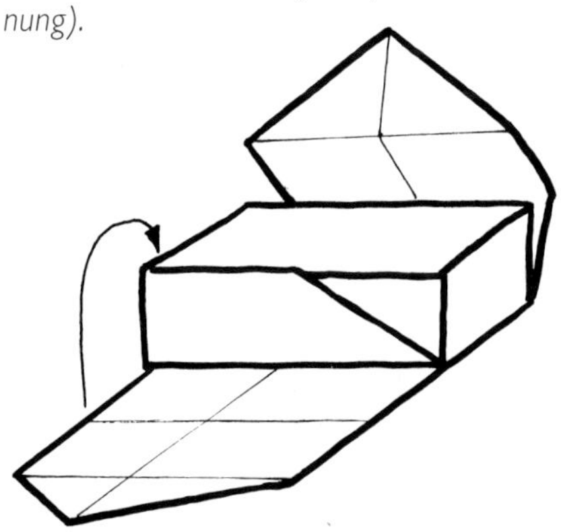

④ Stelle rechts und links die Seitenwände auf und schiebe die beiden durch das Einschneiden entstandenen Spitzen übereinander. Falte den Mittelteil darüber bis die Ecke im Mittelpunkt der Schachtel liegt. Die noch offene Seite falte in gleicher Weise.

Natürlich kannst du auch bei dieser Schachtel einen Streifen als Henkel ankleben. Ein Deckel für die Schachtel wird in gleicher Weise gefaltet, jedoch sollte dafür das Faltblatt etwa 1 cm größer sein, damit er bequem über den Rand paßt.

Rechteckige Faltschachtel ***

Trotz ihrer rechteckigen Form wird sie aus quadratischem Papier gefaltet. Probiere erst die feste Faltschachtel, bevor du dich an die rechteckige heranwagst. Du kannst sie ebenfalls als Überraschungspäckchen verwenden.
Aber es lassen sich auch Puppenwagen, kleine Eisenbahnwagen mit Lokomotive oder ein Traktor mit Hänger daraus gestalten. Sicher findest du noch weitere Möglichkeiten.

Faltschritte

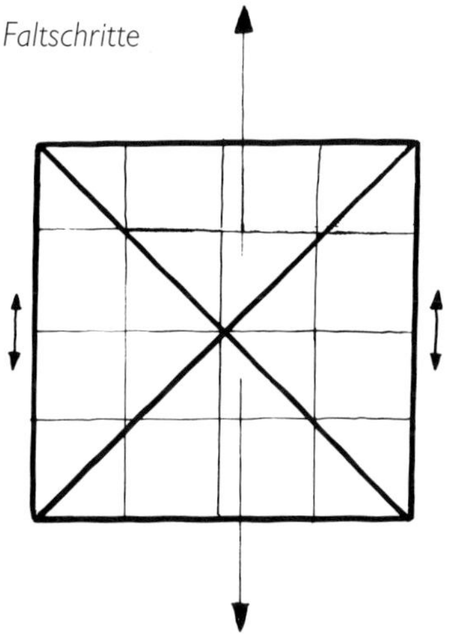

① Falte zunächst die feste Faltschachtel bis zum Schritt 3. Nun falte die untere Kante des Briefes auf die obere und zurück.

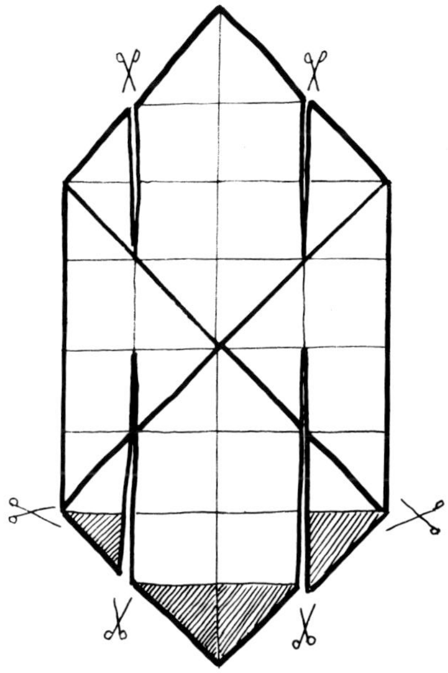

② Klappe die obere und die untere Ecke heraus. Schneide oben auf beiden Bruchlinien bis zur zweiten Bruchkreuzung ein. Beim unteren Dreieck schneide jedoch bis zur dritten Bruchkreuzung ein und schneide die in der Zeichnung schraffierten Teile ab.

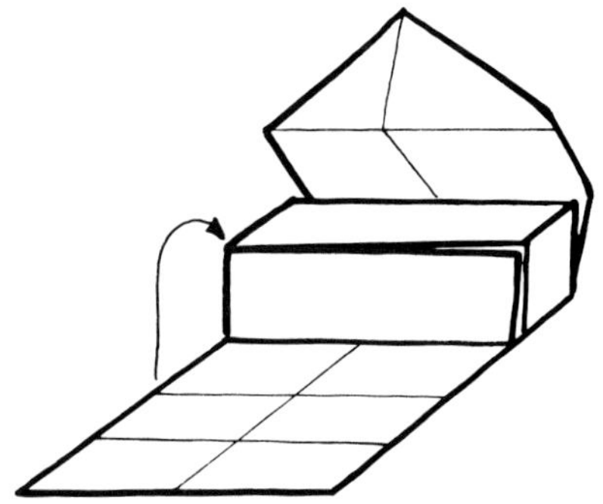

③ Stelle nun die Seitenwände hoch und baue die Schachtel ganz ähnlich wie die vorherige auf.

Für Feste und Feiern

- Faltformen für Glückwunsch- und Tischkarten sowie für das Schmücken von Geschenkpäckchen
- Fenster-, Raum- und Tischschmuck

Gepreßte Tulpe **

Sie ist schnell und einfach zu falten und eignet sich gut zum Aufkleben auf Karten und Geschenkanhängern. Du brauchst dazu zwei kleine quadratische Faltblätter von unterschiedlicher Farbe, z.B. rot und rosa und von unterschiedlicher Größe, z.B. 10 x 10 cm und 8 x 8 cm.

Faltschritte

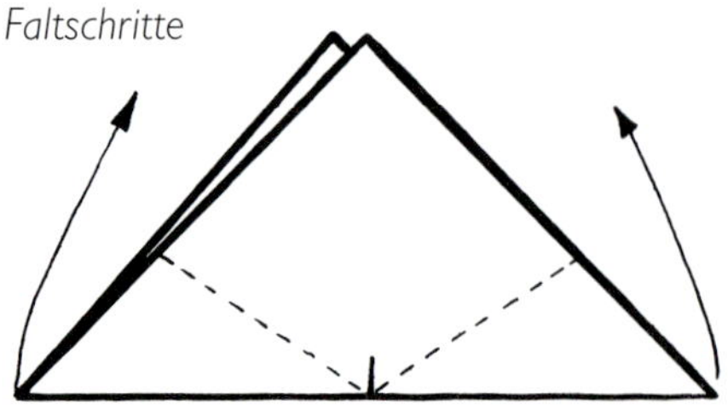

① Beginne mit dem größeren Blatt. Lege die Rückseite obenauf. Falte das Kopftuch und markiere dir nur auf dem Diagonalbruch die Mitte durch einen winzigen Knick.

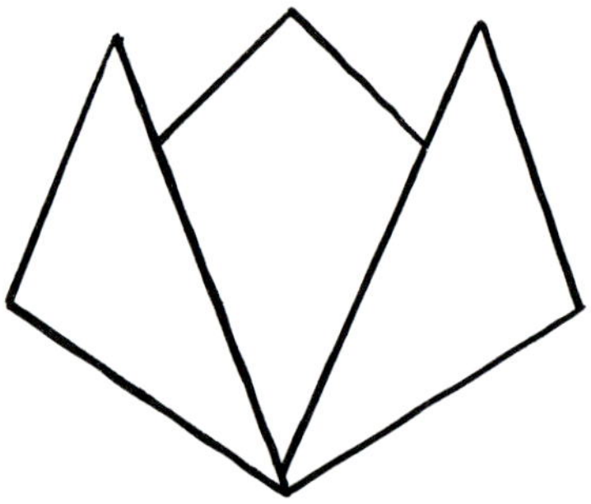

② Falte ausgehend von der Markierung rechte und linke Spitze schräg nach oben. Die Abstände zur oberen Ecke sollten gleich sein wie bei der Zeichnung.

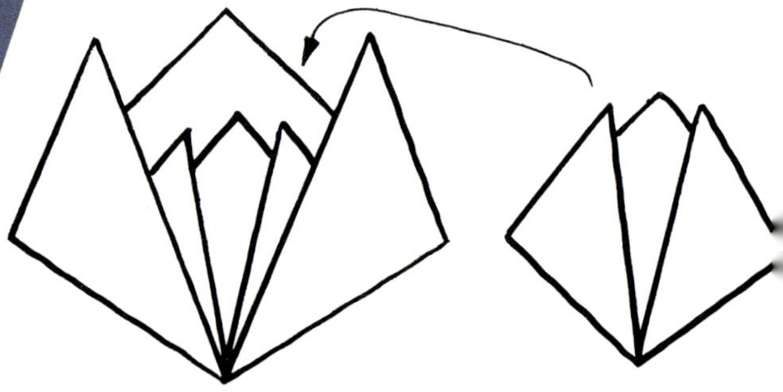

③ Aus dem kleineren Blatt falte die gleiche Form, halte aber den Abstand zur oberen Ecke etwas kürzer und schiebe die kleine Form in die große ein. Du kannst noch Stengel und Blätter ausschneiden und zusammen mit der Blüte aufkleben.

Trichterwinde ***

Diese Blütenform ist ein frühlingshafter Schmuck für den Tisch, Tischkarte, für Geschenkpäckchen und Osterkörbchen. Wenn man mehrere Blüten auf einen Faden zieht, hat man ein hübsches Pendel ins Fenster zu hängen.
Die Trichterwinde entsteht aus einem kleinen bis mittelgroßen Faltblatt von 8 bis 12 cm Kantenlänge. Das Papier sollte durchgefärbt sein.

Faltschrittte

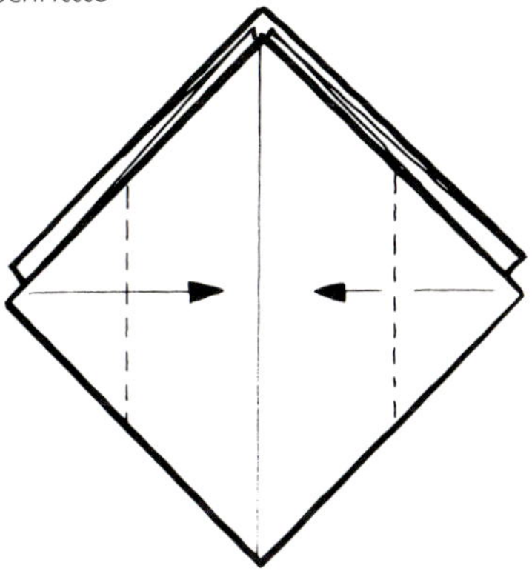

① Falte das zusammengeschobene Quadrat wie auf Seite 10 (Zweimal Kopftuchfaltung - wenden - zweimal Buchfaltung)

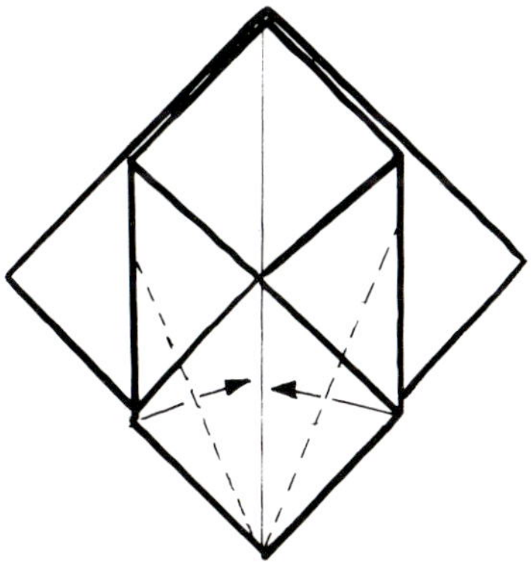

② Falte beide obenaufliegenden Ecken von rechts und links zur Mitte an den Diagonalbruch.

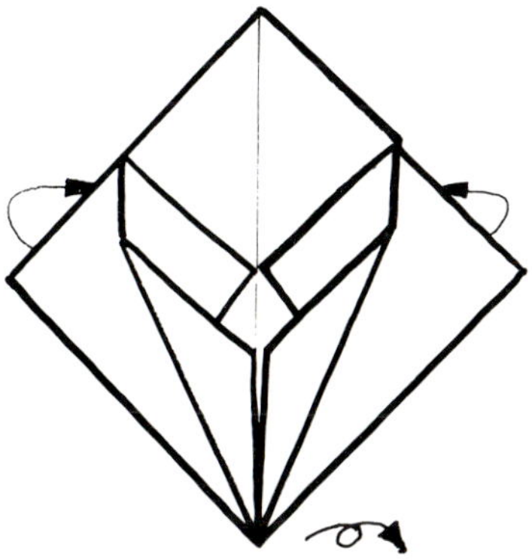

③ Jetzt falte beide Bruchkanten unterhalb der Dreiecke an den Diagonalbruch.

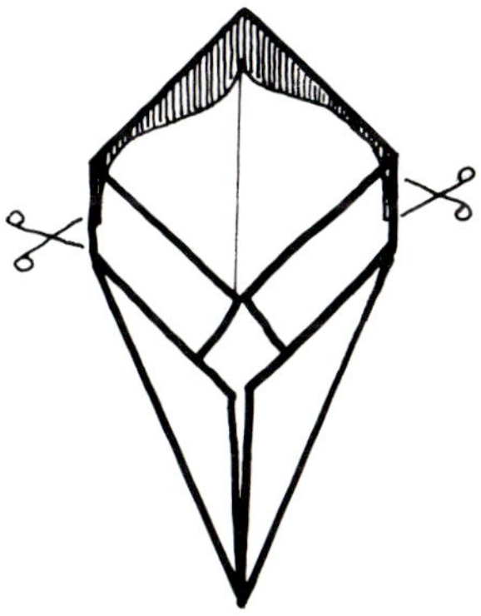

④ Wende die Form und wiederhole die Schritte 2 und 3. Schneide jetzt wie in der Zeichnung die Blütenblätter am oberen Rand in geschwungener Linie etwas kürzer. Setze die Schere bereits in der Mitte der kurzen seitlichen Brüche an.

⑤ Drücke dann die vier Blütenblätter weit nach außen.

Sternkästchen ***

Eine besondere weihnachtliche Überraschung kannst du mit dem Sternkästchen bereiten. Gefüllt mit Nüssen oder Plätzchen ist es ein ganz persönliches Geschenk. Dein großes quadratisches Faltblatt sollte am besten durchgefärbt sein.

Faltschritte

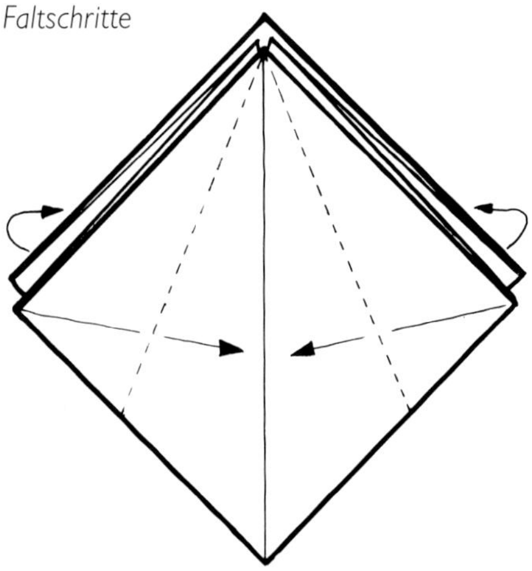

① Falte das zusammengeschobene Quadrat wie auf Seite 10; (Zweimal Kopftuchfaltung - wenden - zweimal Buchfaltung). Die geschlossene Ecke liegt an der Tischkante.

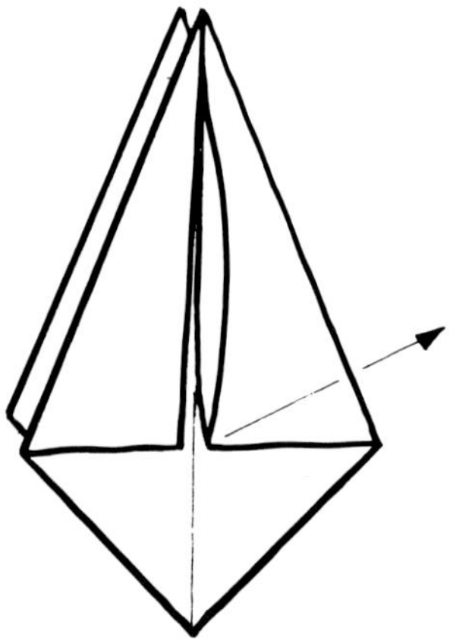

② Jetzt falte die beiden obenaufliegenden Kanten von rechts und links zum Diagonalbruch. In gleicher Weise auf der Rückseite.

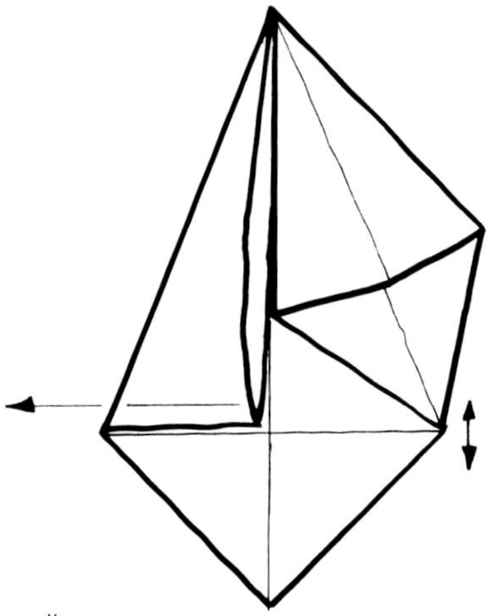

③ Öffne die schmalen Dreiecke und falte sie breit, ebenso auf der Rückseite. Falte unten von rechter zur linken Ecke einen Gegenbruch.

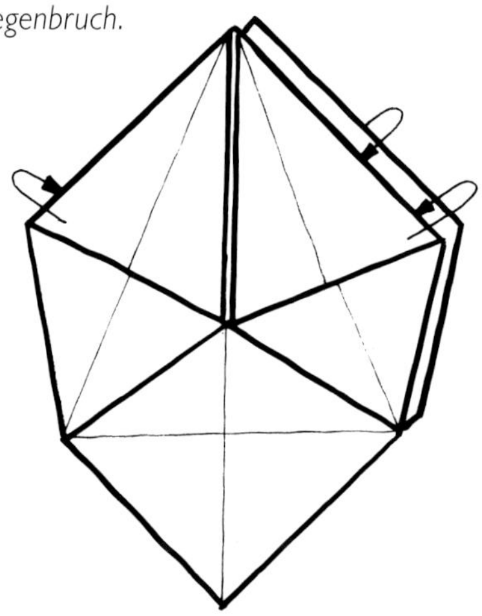

④ Falte jeweils die äußeren Hälften der breitgezogenen Dreiecke nach hinten um und schiebe sie zwischen die Faltform. Falte auf der Rückseite in gleicher Weise.

⑤ Ziehe jetzt die obenaufliegende Spitze von oben so weit es geht nach unten. Falte auf der Rückseite ebenso.

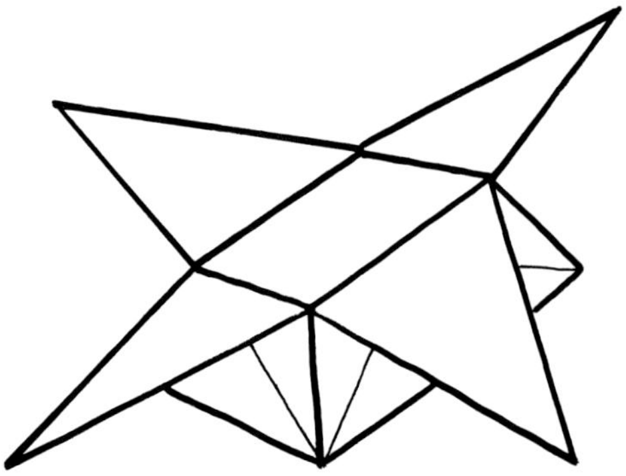

⑥ Fasse die beiden oberen Spitzen, ziehe sie vorsichtig auseinander und falte sie ebenfalls nach unten. Drücke das Kästchen hohl und falte in der Luft das Bodenquadrat nach. Man kann das Sternkästchen noch verzieren wie es das Foto zeigt.

Lilie ****

Wer schon meisterhaft falten kann, wird sicher bei der schwierigen Lilie erfolgreich sein. Aber etwas Geduld mußt du schon aufbringen. Falte deshalb erst mit einem Übungsblatt aus Schreibpapier, ehe du mit Origamipapier beginnst. Dein quadratisches Blatt sollte 15 bis 20 cm Kantenlänge haben.

Faltschritte

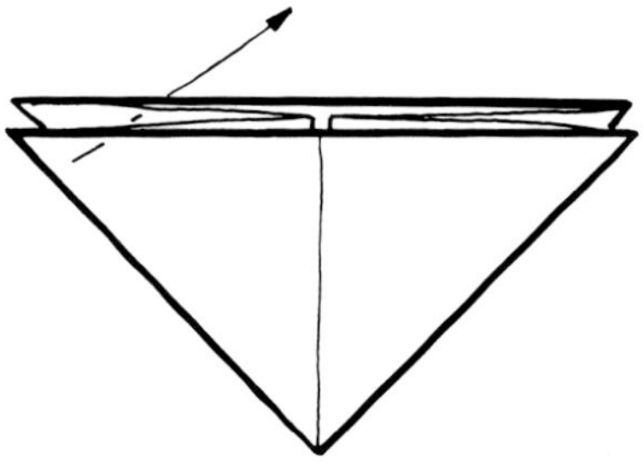

① Lege das Blatt mit der Vorderseite obenauf und falte das Fliegerdreieck (zweimal Buchfaltung - wenden - zweimal Kopftuchfaltung)

Nicht nur zur Weihnachtszeit, sondern zu vielen anderen Anlässen dient das Sternkästchen als originelle Überraschung. Gut gefaltete Lilien sind stets ein anspruchsvoller Schmuck.

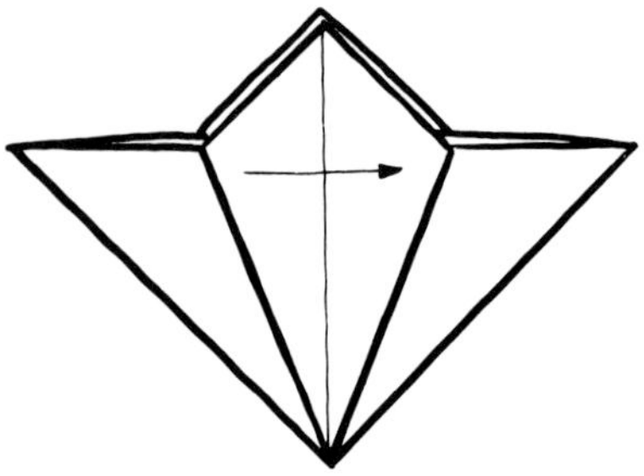

② Hebe die linke obenaufliegende Spitze an, drück sie hohl und falte sie über der Mittelachse breit, so daß sie eine Drachenform annimmt. Wende und wiederhole den Faltschritt.

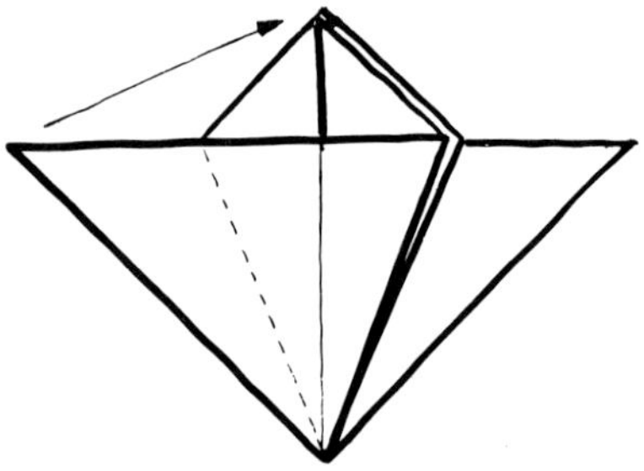

③ Lege nun die linke Drachenhälfte auf die rechte.

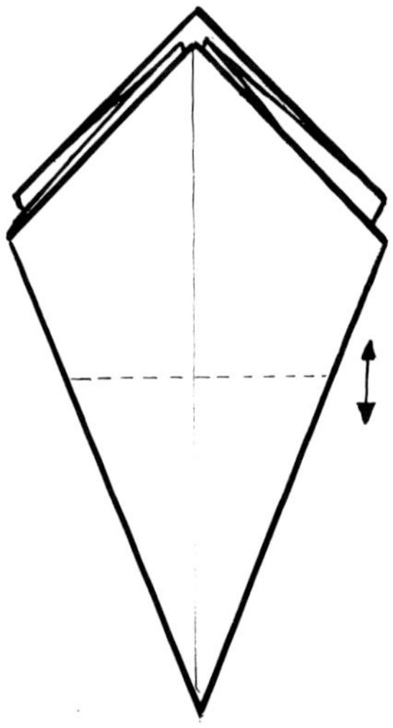

④ Hebe die linke Spitze an und falte sie breit. Wende und wiederhole den Schritt.

⑤ Ein Hilfsbruch ist nötig, der das weitere Arbeiten erleichtern soll. Dazu falte die untere Spitze ganz nach oben an die Ecke, falte auch den Gegenbruch und öffne wieder.

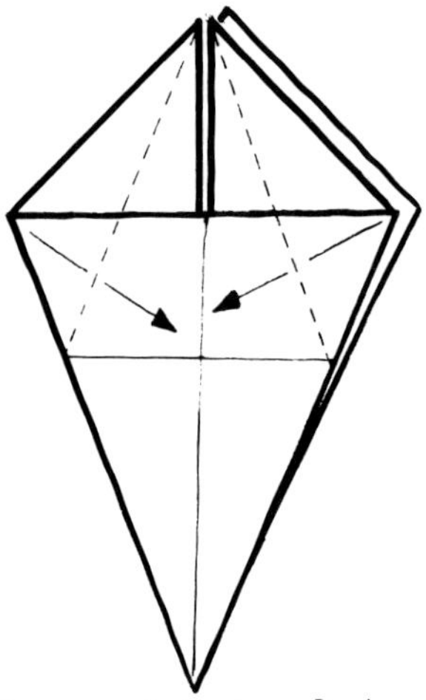

⑥ Blättere um wie in einem Buch, so daß die querverlaufende Kante sichtbar ist.

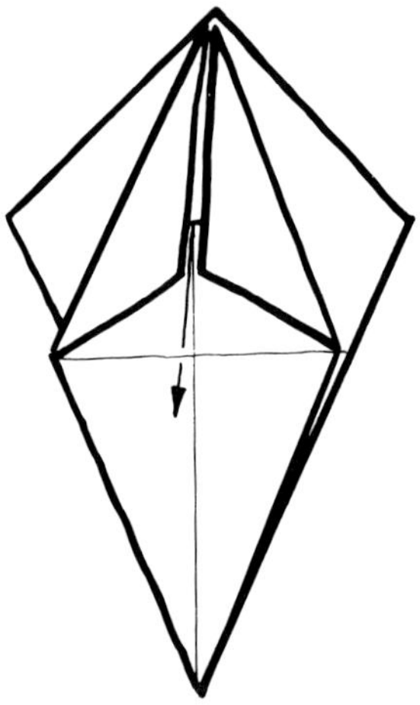

⑦ Falte nun die beiden obenaufliegenden kurzen Kanten von oben an den mittleren Bruch.

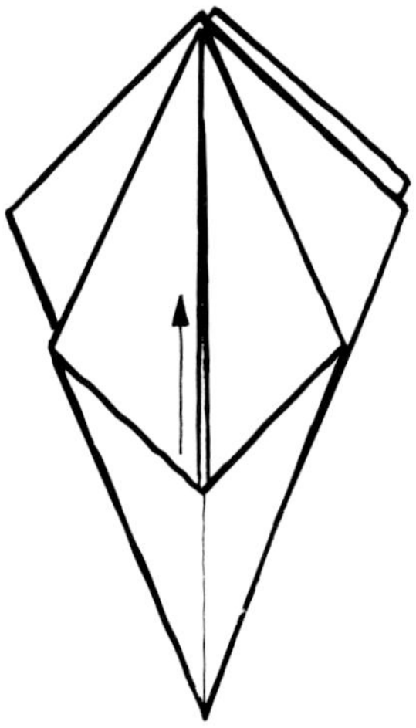

⑧ Öffne wieder leicht die schmalen Dreiecke und ziehe die querliegende Kante nach unten. Beide Dreiecke sind jetzt länger geworden; drücke sie fest.

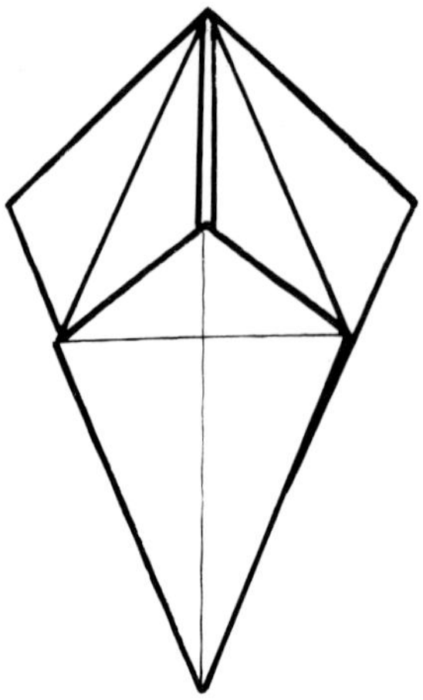

⑨ Die kleine, neu entstandene Ecke in der Mitte der Faltform lege nach oben.

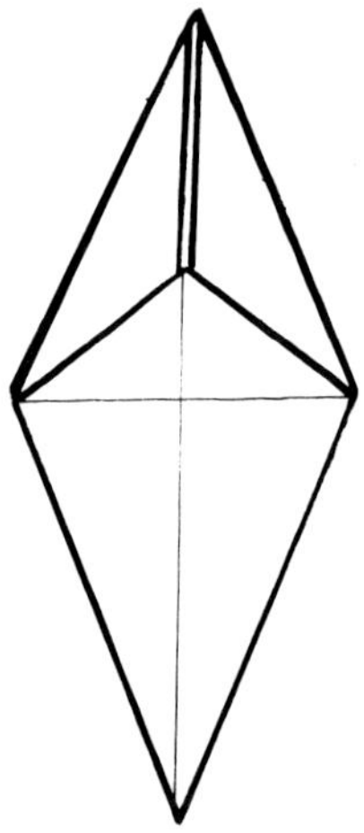

⑩ "Blättere" zweimal weiter, bis die querliegende Kante erscheint und wiederhole noch dreimal die Schritte 7,8 und 9.

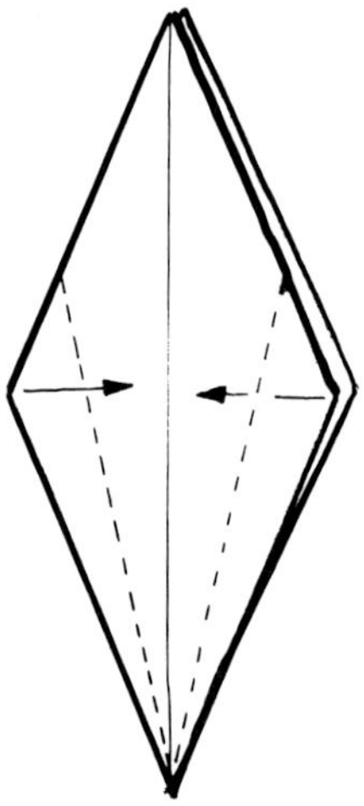

⑪ "Blättere" um, so daß die kleine mittlere Ecke nicht mehr sichtbar ist.

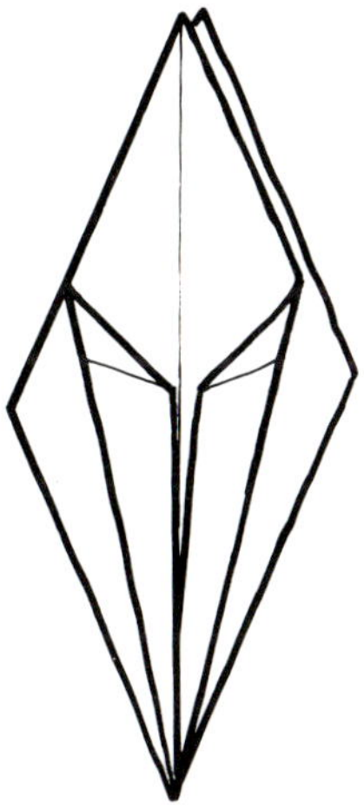

⑫ *Falte im unteren Teil rechte und linke obenaufliegende Bruchkanten an den mittleren Bruch.*

⑬ *"Blättere" zweimal weiter und wiederhole Schritt 12 bis er insgesamt viermal gefaltet wurde. Die Faltform ist dann sehr schmal.*

⑭ *Falte oder biege nun die vier Blütenblätter nach außen, wie es das Foto zeigt.*

Rosettenartiger Stern ***

Er ist ein sehr schöner, aber nicht ganz einfach zu faltender Origami-Stern, der wegen seiner vielfältigen Verwendungsmöglichkeiten immer aufs neue Freude bereitet. Man kann ihn als Tischschmuck, für Weihnachts- oder Tischkarten, als Geschenkanhänger oder Baumschmuck verwenden. Sechs Rosetten zusammengefügt zu einer Blütenkugel ergeben einen frühlingshaften Schmuck für das Fenster. Wichtig ist, daß das Papier nur einseitig gefärbt ist, dabei kann es einfarbig oder gemustert sein. Das quadratische Blatt sollte nicht unter 12 cm Kantenlänge haben und sehr genau zurechtgeschnitten sein. Origamipapier ist ideal geeignet, aber auch Geschenkpapier bringt sehr schöne Ergebnisse.

Faltschritte

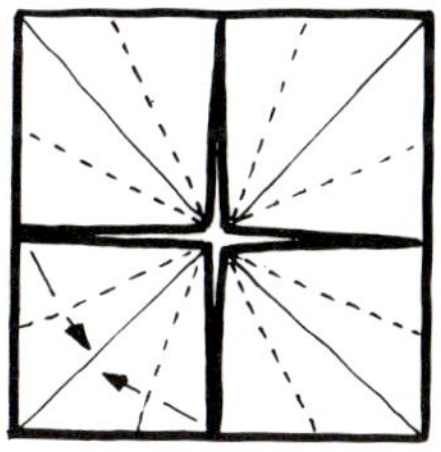

① *Lege das Blatt mit der Rückseite obenauf und falte die Grundform Tischtuch wie auf Seite 10*
Zweimal Buch und öffnen
zweimal Kopftuch - öffnen
zweimal Schrank - öffnen
wenden Brief - öffnen - wenden.

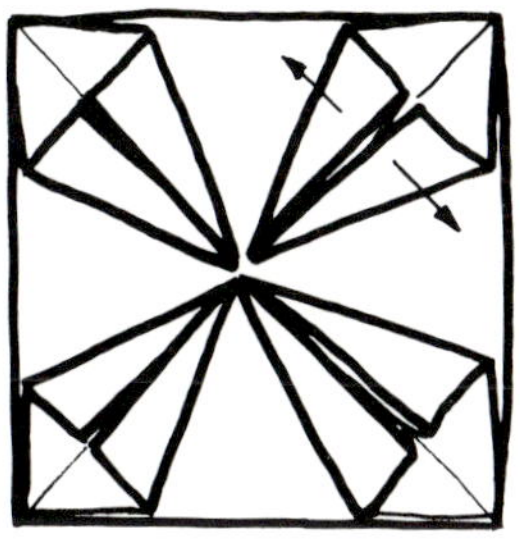

② *Ziehe die Brüche der vier kleinen obenaufliegenden Quadrate nochmals gut nach. Falte jeweils die offenen Kanten der kleinen Quadrate an den Diagonalbruch. Es entstehen acht kleine schmale Dreiecke.*

Ausgehend von der Grundform „Tischtuch" findest du sicher noch eine andere Variante des Sterns.

③ Öffne jetzt die kleinen schmalen Dreiecke und falte sie breit. Sie sehen aus wie kleine Pantöffelchen.

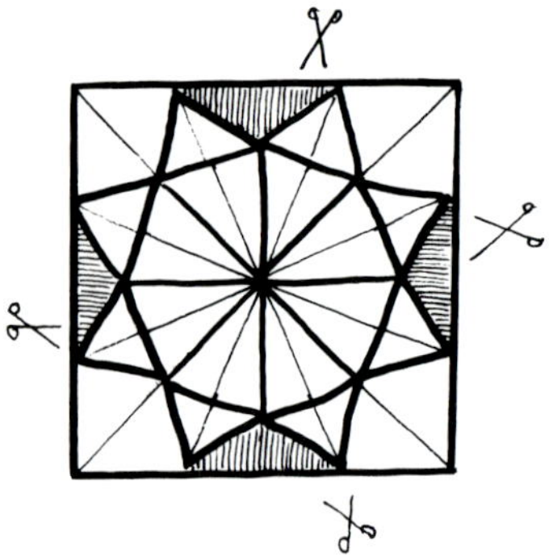

④ Nun schneide zuerst vorsichtig an jeder Kantenmitte des Bodenquadrates ein Dreieck heraus (siehe Zeichnung). Beschädige dabei die Pantöffelchen nicht! Wenn du die Mitte mit einem runden Stück Papier durch Kleben befestigst, hast du bereits ein hübsches Sternchen. Du kannst aber auch noch weitere Teile abschneiden.

⑤ Schneide vorsichtig die vier überstehenden Ecken ab, so daß das Sternchen nun eher rund erscheint.

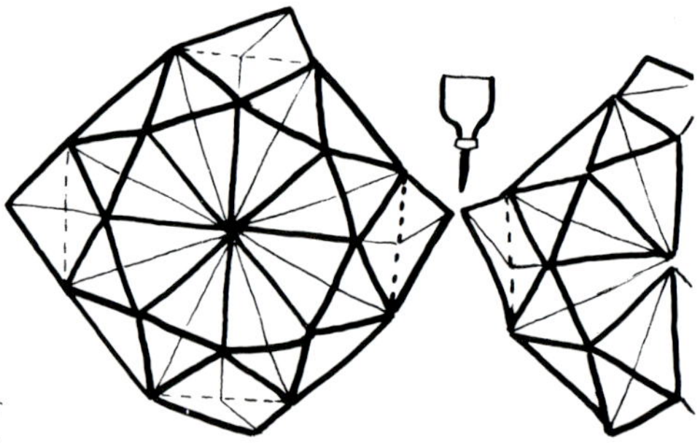

⑥ Willst du eine Blütenkugel herstellen, so schneide nichts ab, sondern knicke jeweils vier Ecken als Klebefalze um.

Einfaches Weihnachtsbäumchen **

Du brauchst ein quadratisches Blatt von beliebiger Größe. Es eignet sich Origamipapier, auch grüngemustertes Geschenkpapier ergibt eine schöne Wirkung.

Faltschritte

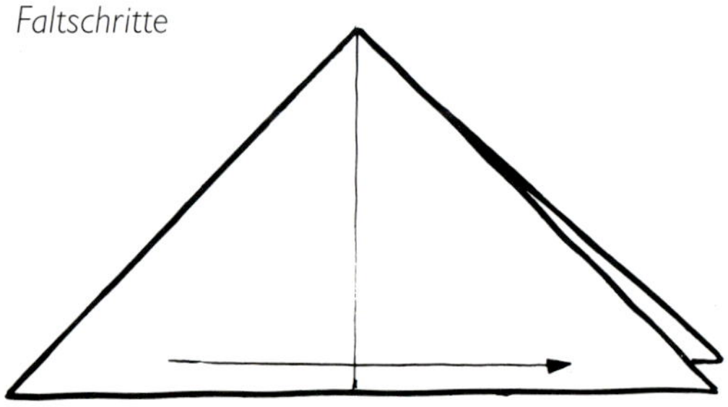

① Lege die Vorderseite des Blattes obenauf und falte das Fliegerdreieck.

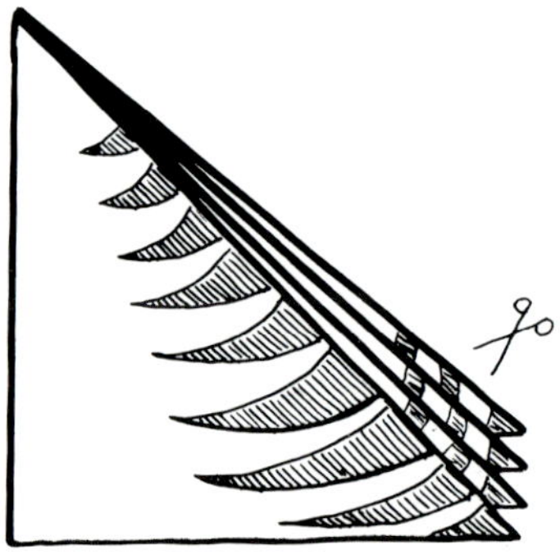

② Falte die linke Hälfte auf die rechte, so daß nun alle vier schrägen Bruchkanten rechts liegen.

③ Schneide jetzt kleine, nach unten größer werdende Teile an den schrägen Bruchkanten heraus. Achte darauf, daß dazwischen immer ein Stück schräge Bruchkante stehenbleibt.
Drücke die Schrägen in vier verschiedene Richtungen und stelle das Bäumchen auf oder klebe es in eine Weihnachtskarte ein.

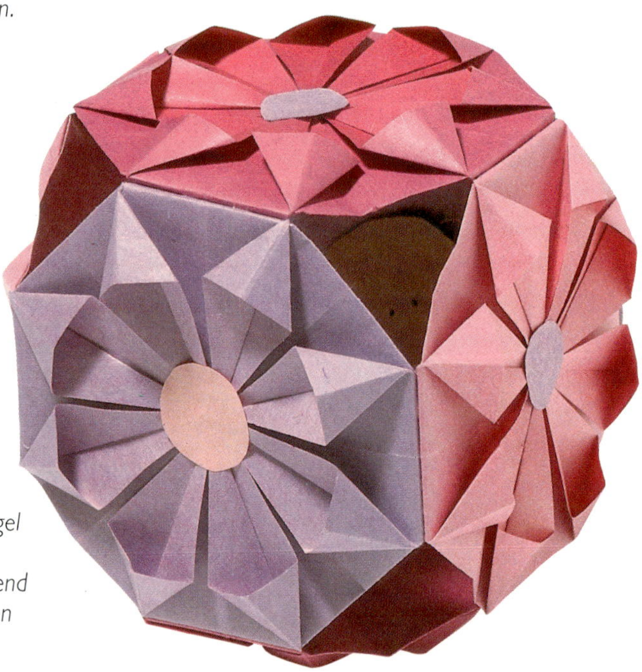

Frühlingshafte Blütenkugel als Raum- oder Fensterschmuck bestehend aus sechs rosettenartigen Sternen.

➤ *Gefaltete Bäume, Figuren und Kerzenständer als Tischschmuck für die Weihnachts- bzw. Faschingszeit.*

Weihnachtsbäumchen aus mehreren Etagen **

Man kann einen Nadelbaum aus drei oder vier unterschiedlich großen Fliegerdreiecken herstellen. Du brauchst also Faltblätter in verschiedenen Größen, z.B. 12 cm, 10 cm, 8 cm und 6 cm Kantenlänge. Beginne mit der unteren Etage, also mit dem größten Fliegerdreieck. Klebe es unten zusammen, damit es sich beim Aufstellen nicht spreizt. Bringe etwas Leim auf die obere Spitze und setze die nächst kleinere Etage darauf, wie die Zeichnung zeigt.

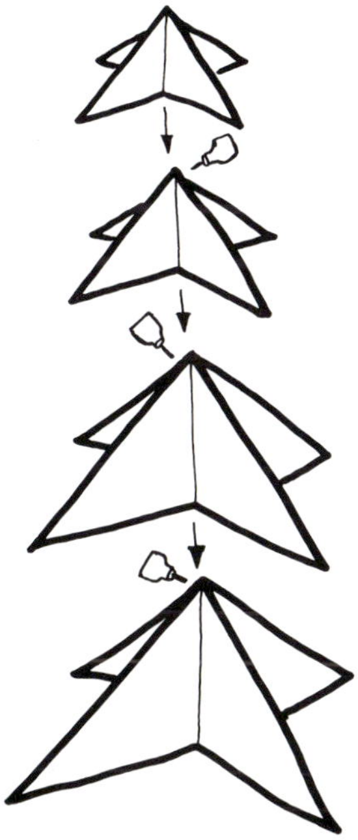

Weihnachtsmann und Faschingsclown **

Beide Figuren bilden einen lustigen Tischschmuck für die Weihnachts- bzw. Faschingszeit. Du brauchst für Jacke und Hose je ein quadratisches Faltblatt von ca. 12 cm Kantenlänge. Insbesondere für den Clown kannst du auch kariertes, gestreiftes oder geblümtes Geschenkpapier verwenden. Außerdem brauchst du noch verschiedenfarbiges Papier für Gesicht, Hut und Bart.

Faltschritte für die Jacke

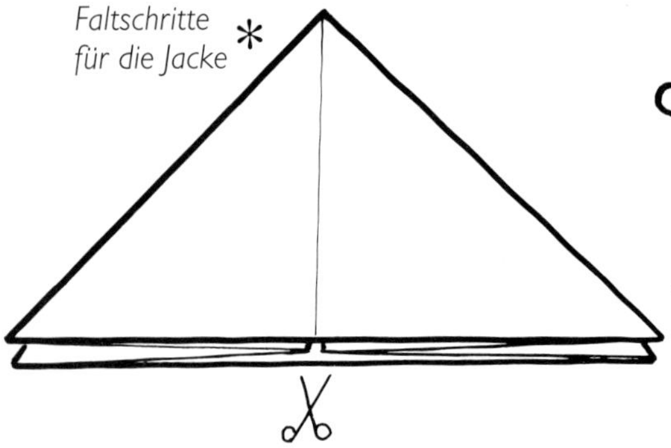

① Falte das Fliegerdreieck und drehe die offenen Kanten zur Tischkante.
② Schneide die beiden innenliegenden Brüche von unten her etwa 3 cm ein.

Faltschritte für die Hose

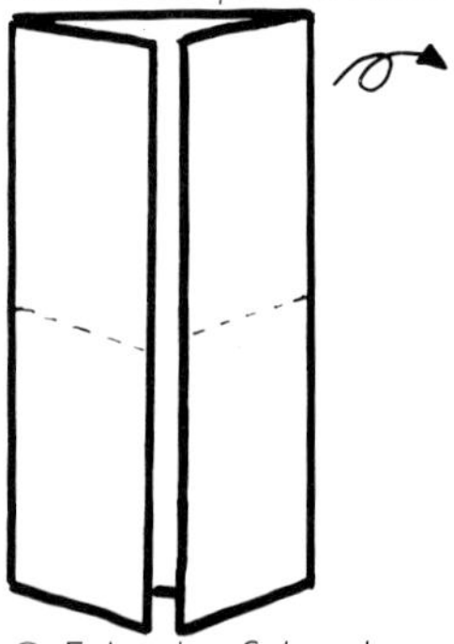

① Falte den Schrank.

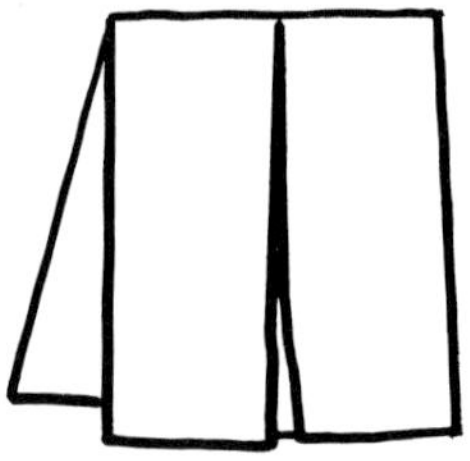

② Wende und falte die obere Kante auf die untere.

③ Schiebe nun von unter her die Hose in die Jacke ein und klebe sie fest.

④ Schneide noch den runden Kopf mit großen Ohren, Augen, Nase, Mund aus und gestalte Hut oder Mütze und Bart nach freier Phantasie.

Kerzenständer **

Für eine kurze dicke Kerze kannst du selbst einen Kerzenständer falten. Du brauchst ein quadratisches Blatt von etwa 15 cm Kantenlänge. Origamipapier und das zartfarbige Papier für den Kopierer eignen sich am besten. Stimme Papier und Kerze farblich gut ab.

Faltschritte

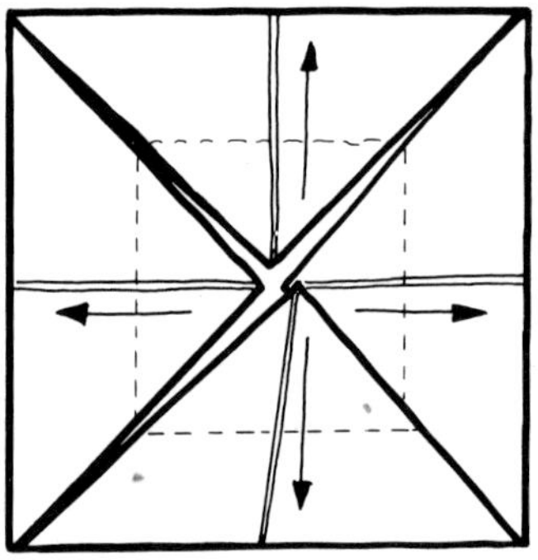

① Lege das Blatt mit der Vorderseite obenauf und falte den Brief.
② Wende das Blatt und falte den Doppelbrief.

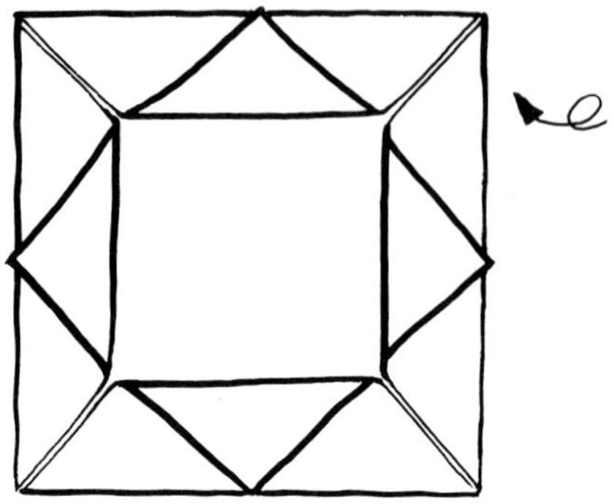

③ Falte jetzt alle vier Ecken von der Mitte nach außen an die Bruchkanten. Diese vier Dreiecke bilden die Füße des Leuchters.

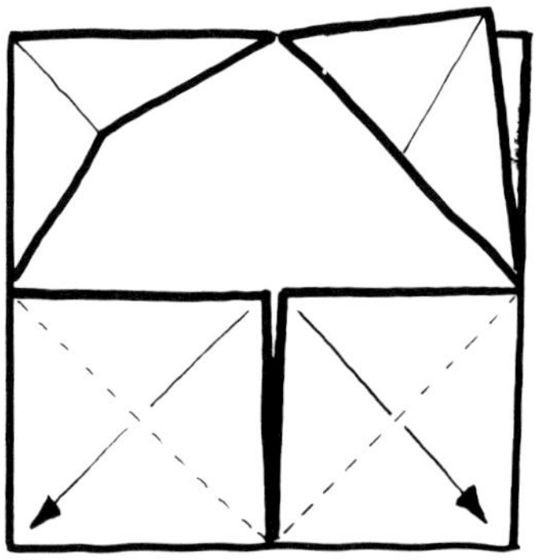

④ Wende die Form und falte die vier Ecken von der Mitte an die äußeren Ecken. Drücke die entstandenen Taschen etwas hohl und stelle die dicke kurze Kerze in die Mitte, nachdem du dort etwas Wachs aufgetropft hast.

Origami-Weihnachtsbaum ***

Der Origami-Baum setzt einige Übung im Falten voraus. Du brauchst drei oder vier unterschiedlich große, durchgefärbte, quadratische Faltblätter z.B. von 12 cm, 10 cm, 8 cm und 6 cm Kantenlänge, damit du den Baum in Etagen aufbauen kannst.

Faltschritte

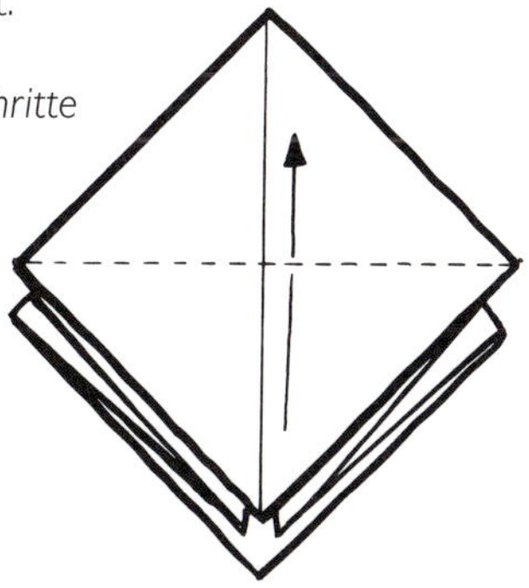

① Beginne mit dem größten Blatt und falte das zusammengeschobene Quadrat. Drehe die offene Ecke nach unten.

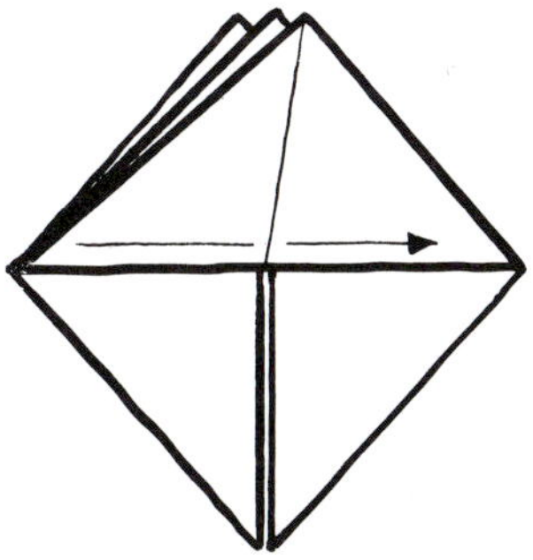

② Falte die obenaufliegende Ecke von unten an die obere Ecke. Wende und wiederhole den Schritt.

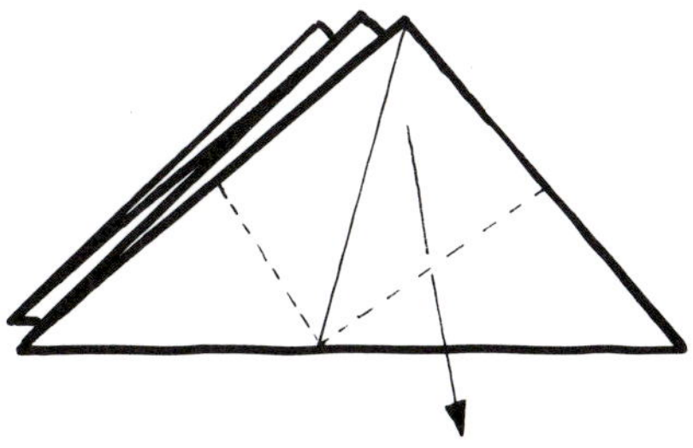

③ Blättere weiter wie in einem Buch, damit du noch die dritte und vierte Ecke nach oben falten kannst. Die Gesamtform ist jetzt dreieckig.

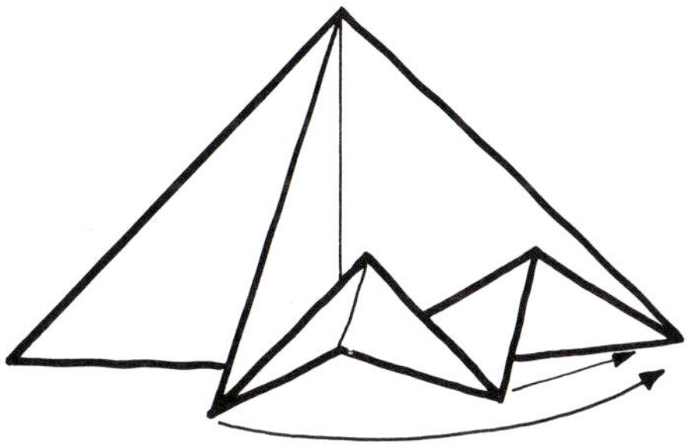

④ Ziehe die obere Ecke leicht nach unten, fasse dabei den Bruch von unten her und lege ihn mit der Spitze auf die rechte Spitze des Dreiecks.
Drücke die Spitze von links ebenfalls nach rechts. Dadurch werden zwei verdeckte Brüche gebildet. Es entsteht eine Zick-zack-Faltung.
Lege vorübergehend die nach unten gefaltete Ecke wieder nach oben, damit nicht unnötig Spannung entsteht.
"Blättere" weiter nach rechts, ziehe wieder die Ecke nach unten u.s.w. Insgesamt mußt du viermal die genannten Faltschritte vollziehen.

⑤ Stelle nun auf allen vier Seiten die bereits vorgefaltete Zick-Zack-Faltung wieder her.

Falte die kleineren Blätter in gleicher Weise und klebe die einzelnen Baumetagen übereinander.
Der Origami-Baum eignet sich gut zum Gestalten einer Weihnachtskarte, wie das Foto auf Seite 11 zeigt.

Fröbelstern ****

Der Fröbelstern ist eine der schönsten und haltbarsten Faltformen. Die nahezu geniale Erfindung wird dem großen Lehrer Friedrich Fröbel (1782-1852) zugeschrieben.
Die Sternform zu erlernen verlangt jedoch einige Geduld und Übung. Der Fröbelstern wird aus vier Papierstreifen gefaltet, die gleichfarbig, gleichlang und gleichbreit sein sollten. Folgende Breiten-Längen-Verhältnisse haben sich bewährt:
bei 1 cm Breite - etwa 30 cm Länge
bei 2 cm Breite - etwa 50 cm Länge
bei 2,5 cm Breite - etwa 60 cm Länge - Stern wird etwa faustgroß
bei 4 cm Breite - etwa 100 cm Länge.
Schneide die Streifen sehr sorgfältig zurecht (Lineal, Bleistift). Verwende großformatiges, festes Papier.

Faltschritte

① Falte die vier Streifen in der Mitte, so daß jeweils die Enden übereinander liegen und schneide sie schräg ab. Das erleichtert das spätere Durchziehen der Streifen.

② Lege den ersten Streifen mit den Enden zur Tischkante. Schiebe den zweiten mit den Enden nach rechts etwas gespreizt von oben über den ersten Streifen.

③ Die Enden des dritten Streifens führen nach oben. Fädle beide Enden vom zweiten Streifen hindurch.

④ Der vierte Streifen liegt wieder quer mit den Enden nach links. Führe dort die Enden des dritten Streifens hindurch.

*⑤ Zum Befestigen ziehe die Enden des vierten Streifens durch die "Schlinge" des ersten Streifens. Ziehe alles fest.
Es ist der einfache Boden des Sterns. Kontrolliere, ob aus jedem kleinen Quadrat stets zwei Streifen hervorgehen. Mit den weiteren Faltschritten entsteht der doppelte Boden, der den Stern haltbarer macht. Es wird außerdem erreicht, daß die Streifen nicht mehr hintereinander, sondern nebeneinander liegen.*

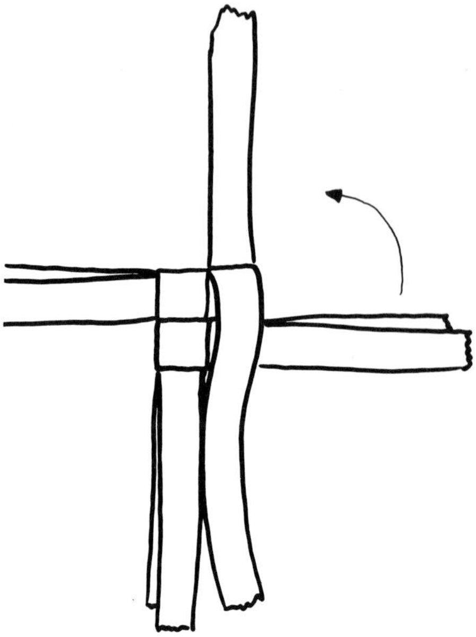

⑥ Falte den oberen, obenaufliegenden Streifen ganz nach unten und ziehe den kleinen Bruch gut nach. Drehe dann die Form eine Vierteldrehung nach links (entgegen dem Uhrzeiger). Falte noch dreimal wie beschrieben.

*⑦ Der vierte nach unten gefaltete Streifen muß befestigt werden. Schiebe ihn durch das ganz unten liegende Quadrat und ziehe ihn fest. Es liegen nun jeweils zwei unterschiedlich lange Streifen nebeneinander.
⑧ Nun werden die flachen Zacken gefaltet. Dazu wird stets der Streifen oben links bearbeitet.*

a) Falte den Streifen nach hinten links, so daß ein kleiner schräger Bruch entsteht.

b) Nun den gleichen Streifen nach vorn in Richtung Tischkante falten, so daß ein weiterer schräger Bruch entsteht.

c) Falte nun den linken, schrägen Bruch auf den rechten und ziehe den Streifen durch das direkt darunter liegende Quadrat hindurch. Die erste flache Zacke ist fertig. Drehe dann wieder eine Vierteldrehung entgegen dem Uhrzeiger und wiederhole noch dreimal mit dem linken oberen Sreifen die Schritte 8a, 8b und 8c.
Wenn du insgesamt vier Sternzacken gefaltet hast, wende das Ganze und wiederhole 8a, 8b und 8c.
Aus den jeweils vier Streifen auf Ober- und Unterseite des Sterns werden nun die hohlen Zacken gefaltet.

Der Fröbelstern – eine anspruchsvolle, aber sehr schöne Faltform.

⑨ Der nach rechts zeigende Streifen wird vorläufig unter den linken Daumen gelegt, da er stört.
Der nach oben zeigende Streifen wird so zu einer Schlinge gelegt, daß die Vorderseite immer vorn bleibt. Er wird unter dem zurückgelegten Streifen eingeschoben und festgezogen. Drehe dann das Ganze wieder eine Vierteldrehung entgegen dem Uhrzeiger und falte weiter wie am Anfang dieses Schrittes beschrieben.

Tiere

Sitzender Hund **

Für den Hund brauchst du zwei quadratische Faltblätter von mittlerer Größe. Dabei ist günstig, wenn das Blatt für den Kopf 1 bis 2 cm kleiner ist als das für den Körper.
Origamipapier oder kleingemustertes Geschenkpapier eignen sich sehr gut.

Faltschritte

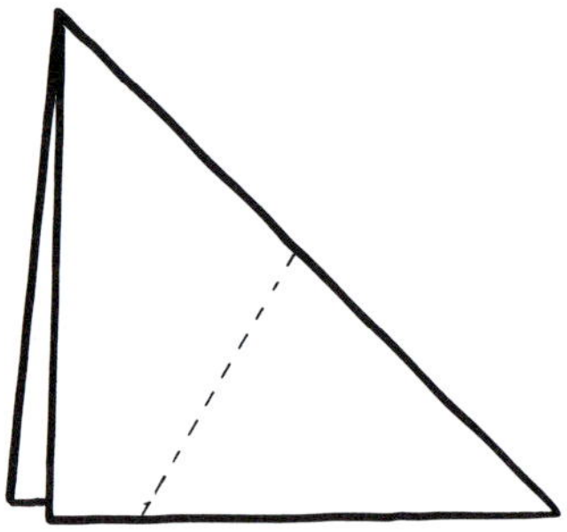

① Lege die Rückseite des kleineren Blattes obenauf und falte das Kopftuch.

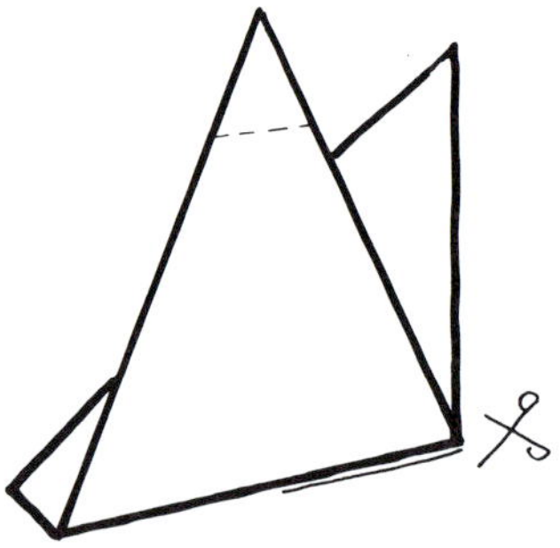

② Falte die rechte neben die linke Spitze, so daß zwei Ohren und das Maul entstehen. Du kannst die Ohren nach außen umfalten.
Schneide den Bruch vom Hinterkopf her zur Hälfte ein.

Schnell gefaltet ist der sitzende Hund. Du kannst ihn noch schmücken mit Halsband und Schleife.

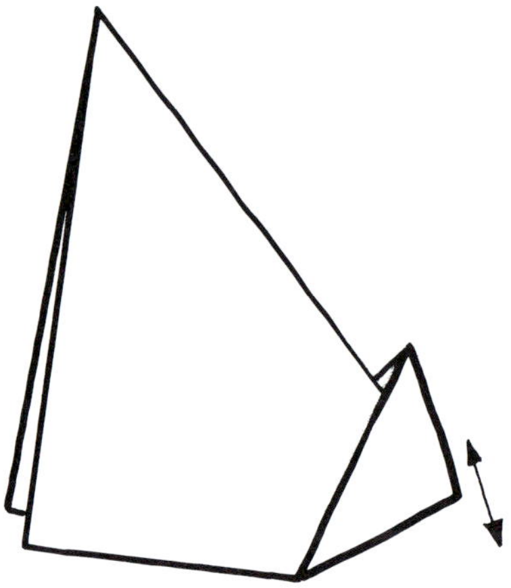

③ Lege das größere Blatt mit der Rückseite nach oben und falte wieder das Kopftuch. Falte die rechte Spitze um, so daß sie über den Diagonalbruch hinaussteht, falte auch nach hinten als Gegenbruch und öffne den Bruch wieder.
Stülpe dann die Spitze um als Schwanz.

④ Zeichne dir die Form vor, die du ausschneiden mußt, damit Vorder- und Hinterbeine sowie die Bauchseite sichtbar werden. Orientiere dich an der Zeichnung.
Schiebe nun die obere Spitze des Körpers in den eingeschnittenen Bruch am Kopf ein. Probiere erst durch Schieben wie das Hündchen am besten aussieht. Es kann den Kopf traurig gesenkt halten oder freudig in den Himmel schauen. Klebe dann beide Kopfhälften mit dem Hals zusammen und klebe noch Augen und Nase an.

Fliegende Taube **

Viele fliegende Tauben an dünnen Fäden in unterschiedlicher Höhe im Zimmer oder im Fenster aufgehängt, sehen schön aus und bewegen sich beim geringsten Lufthauch.
Du brauchst dazu durchgefärbte, quadratische Faltblätter in beliebiger Größe.

Faltschritte

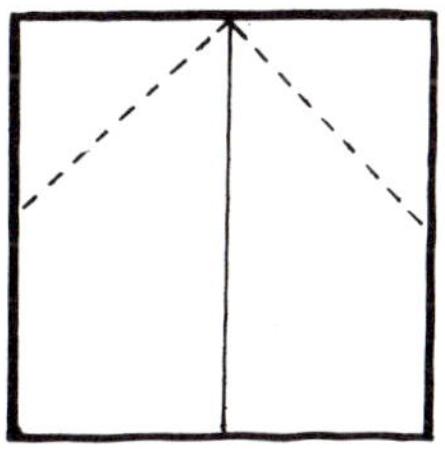

① Falte das Buch und öffne wieder.

② Jetzt falte rechte und linke obere Ecke an den Mittelbruch.

③ Lege die rechte Hälfte auf die linke. Drehe die Form, daß der Mittelbruch oben liegt.

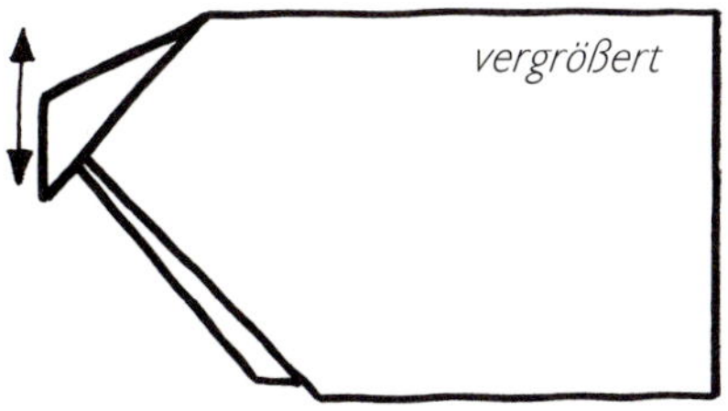

④ Falte die vordere Spitze schräg als Schnabel um, falte als Gegenbruch und öffne wieder.

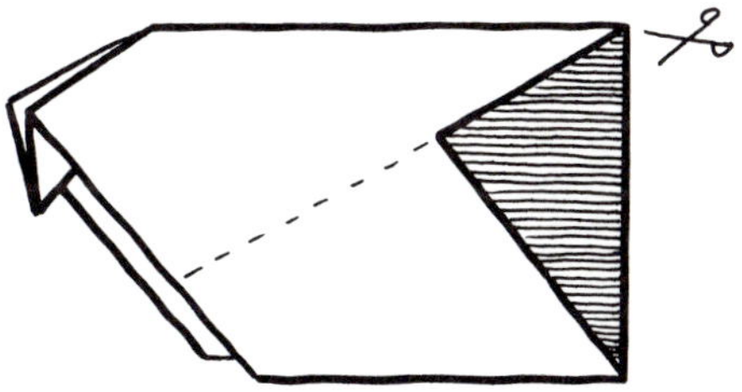

⑤ Schiebe den Schnabel in die Faltform ein. Schneide ein Dreieck heraus (siehe Zeichnung). Du erkennst Schwanz und Flügel deutlich.

⑥ Falte durch zwei schräge Brüche die Flügel nach außen und die Taube ist fertig.

Wenn du die Flügel der Taube leicht nach oben rundest, sieht sie aus wie eine dicke sitzende Glucke. Rolle dazu die Flügel über den Bleistift oder ziehe sie straff über die Schere.

Maus **

Für die Maus brauchst du kleines bis mittelgroßes quadratisches Faltpapier. Wenn du mehrere unterschiedlich große Mäuse faltest, kannst du eine ganze Mäusefamilie herstellen. Origami- und Geschenkpapier eignet sich am besten.

Faltschritte

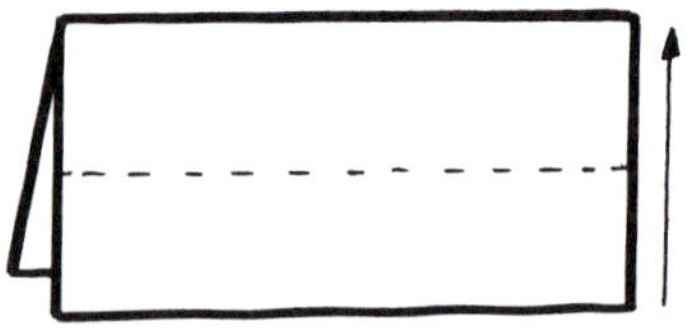

① Lege die farbige Seite obenauf, falte das Buch und drehe den Bruch nach oben.

② Falte nun genau wie bei der Treppe die untere obenaufliegende Kante nach oben an den Bruch. Wende und falte ebenso.

③ Rechte und linke untere Ecke falte nach oben. Falte die schrägen Brüche auch als Gegenbrüche. Wende und falte dort in gleicher Weise.

④ Drehe jetzt die Form, so daß oben zwei Bergfalten liegen. Schiebe nun rechts und links je zwei Dreiecke in die Faltform ein, ganz so wie beim Dach des Hauses.

⑤ Zum Falten der Mäuseohren lege die rechte obenaufliegende Spitze so weit wie möglich nach links, so daß ein Dreieck sichtbar wird.

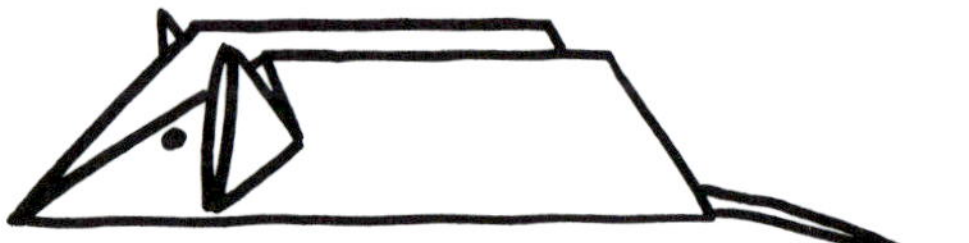

⑥ Falte die linke untere Spitze des Dreiecks an die obere Ecke. Falte auf der Rückseite in gleicher Weise.

Klebe noch Augen und Schwanz an und das Mäuschen ist fertig.

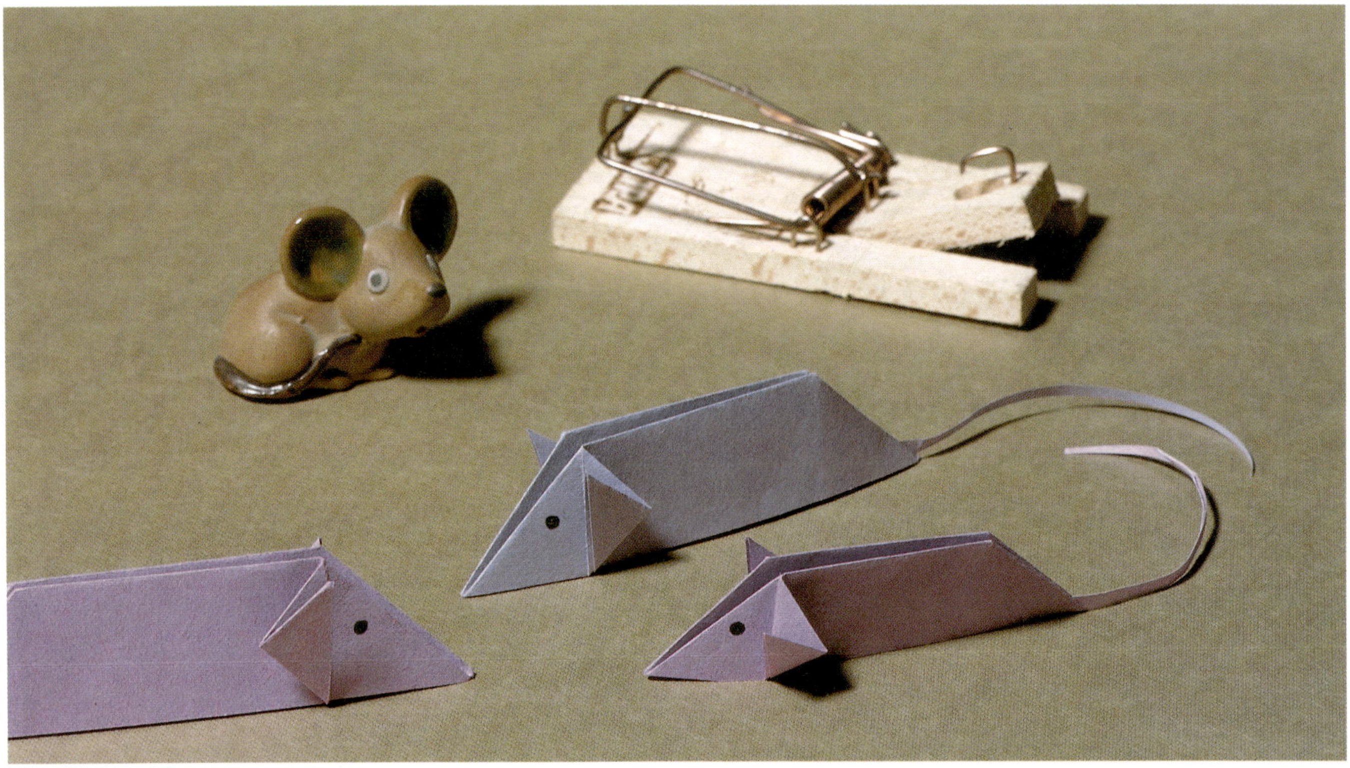

Schwein **

Das Schwein wird aus einfarbigem oder gemustertem Papier gefaltet. Die quadratischen Blätter kannst du in der Größe beliebig wählen. Aus mehreren unterschiedlich großen Blättern kannst du eine Schweinefamilie gestalten.

Faltschritte

① *Falte wie bei der Maus bis Schritt 5.*

② *Nun falte die linke schräge Bruchkante des kleinen Dreiecks an den mittleren Bruch dieses kleinen Dreiecks. Du siehts das rechte Vorderbein des Schweins.*

③ *Für das Hinterbein falte die linke, obenaufliegende Spitze schräg nach unten, so daß die vorher schräge Bruchkante jetzt genau senkrecht verläuft.*
Wende die Faltform und wiederhole seitenverkehrt die Schritte 2 und 3.

④ *Für das Falten der Schnauze klappe die Form an der Rückenlinie breit und lege sie flach auf den Tisch. Falte die linke Ecke etwa 1 cm um und lege die untere wieder auf die obere Kante.*

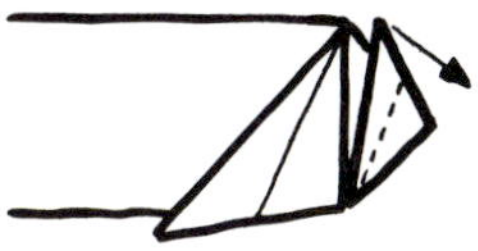

⑤ *Zum Falten des Schwanzes lege beide Hinterbeine vorübergehend in Richtung Körpermitte und falte die rechte hintere Spitze an die obere Ecke.*

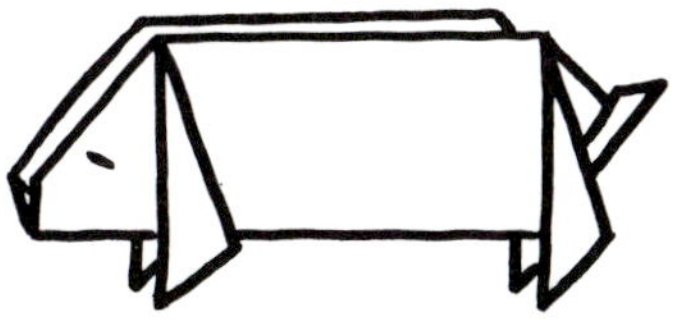

⑥ *Falte die Spitze wieder nach schräg unten an den Bruch und drücke die Hinterbeine wieder in die alte Lage. Klebe noch Augen auf, und das Schwein ist fertig.*

Pferde, Hunde und andere Vierbeiner aus Zeitungspapier **

Wenn du mal keine Faltblätter zur Hand hast, kannst du auch Tiere aus ganzen oder halben Seiten einer alten Tageszeitung herstellen. Es geht ganz einfach und schnell.

Faltschritte

① Falte die lange Kante des Blattes etwa 2 cm um.

② Nun falte den unteren Bruch etwa 2 cm nach oben. Falte immer so weiter bis an das Ende des Blattes. So entsteht ein fester Streifen.

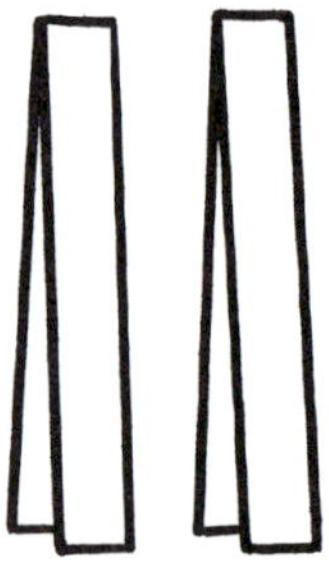

③ Falte einen zweiten Streifen in gleicher Weise und falte jeden Streifen in der Mitte. Drücke die kurzen dicken Brüche fest zusammen.

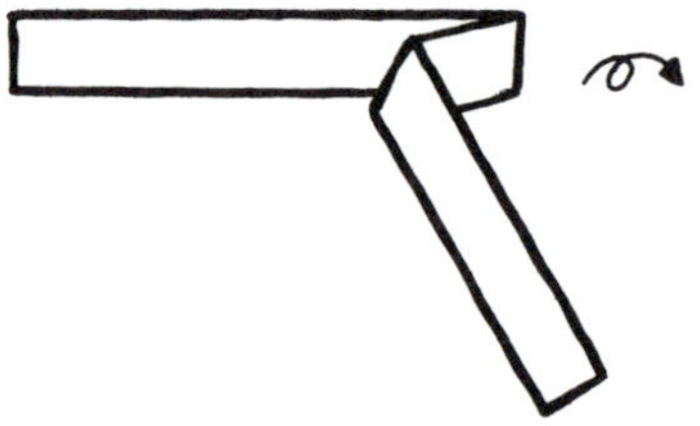

④ Lege dann das obere Ende schräg nach unten.

⑤ Wende und falte seitenverkehrt ebenso. Du hast jetzt Kopf, Hals und Vorderbeine eines Tieres gefaltet.

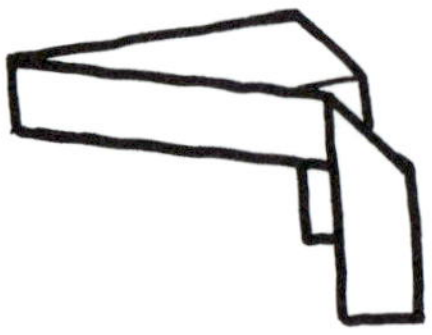

⑥ Für Rumpf und Hinterbeine gehe ganz ähnlich vor. Je nach dem Tier, das du gestalten willst, wird der Rumpf länger oder kürzer gebraucht, ebenso die Beine, z.B. beim Dackel, langer Rumpf und kurze Beine.

⑦ Schiebe dann die beiden Vorderbeine durch den Rumpf, bestimme die Höhe und klebe sie fest. Du kannst noch Schwanz und Augen ankleben. Durch einfaches v-förmiges Einschneiden am Kopf können Ohren oder Hörner herausgeklappt werden.

Bewegliche Tierköpfe **

Tierköpfe, die du auf die Finger setzen und bewegen kannst, bereiten besonders viel Spaß´. Wähle dein Blatt nicht kleiner als 15 cm x 15 cm. Origamipapier ist am besten dafür geeignet.

Faltschritte

① Lege das Blatt mit der Rückseite obenauf, falte den Brief.

② Wende und falte den Doppelbrief.

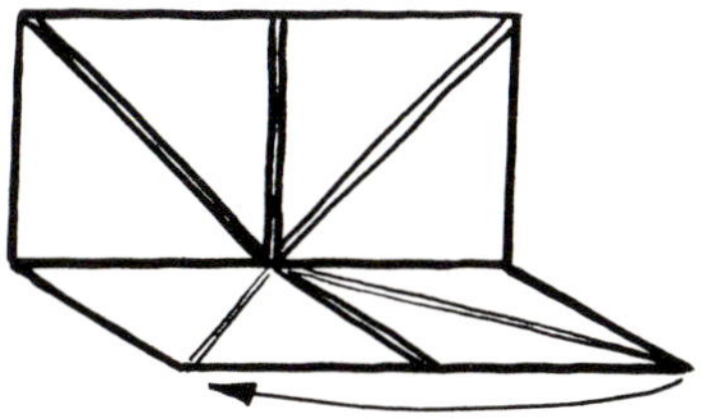

③ Damit du den Tierkopf leichter bewegen kannst, falte zwei Hilfsbrüche: Falte die untere auf die obere Kante und öffne, dann die rechte auf die linke Kante und öffne wieder. Stecke Daumen und Zeigefinger deiner Hände in die vier Taschen auf der Rückseite und bewege die Faltform wie ein Maul. Man nennt dieses Gebilde auch Pfeffer- und Salznäpfchen.

④ Klebe nun je zwei nebeneinanderliegende Teile zusammen, so daß eine Maulöffnung bleibt. Schneide noch Teile für Augen, Nase, Zunge, Bart u.s.w., lege die Teile erst auf und beurteile, ob alles richtig ist und auch gut aussieht, bevor du sie aufklebst.

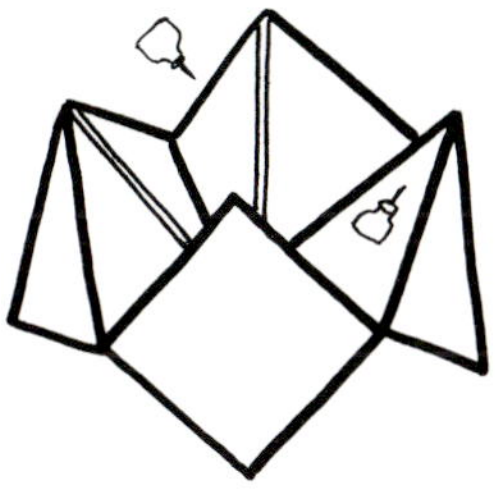

Tierköpfe aus der Kopftuchfaltung

(Schwein, Kuh, Fuchs und Katze)

Diese Tierköpfe sind etwas für Könner. Zwar werden sie sämtlich aus der einfachen Grundform Kopftuch hergestellt, alle weiteren Faltungen aber lassen eine Vielzahl von Möglichkeiten offen. Und es ist gar nicht einfach, den typgerechten Ausdruck eines Tieres durch die Formung des Kopfes, des Maules und der Ohren zu erreichen. Aufgemalte oder aufgeklebte Augen können dabei nur den Ausdruck unterstreichen.
Am besten eignet sich Origamipapier in kleinen Formaten so z.B. für den Kopf 8 cm x 8 cm, für den Körper 10 cm x 10 cm.
Zu Beginn soll eine Möglichkeit zur Faltung eines Tierkörpers erläutert werden, der für die Köpfe aus der Kopftuchfaltung, aber auch für andere Tierköpfe verwendet werden kann.

Wenn dir diese Tierköpfe gut gelungen sind, wirst du bemerken, daß du noch weitere Tierköpfe aus der Kopftuchfaltung finden kannst.
Verwende quadratische Blätter vom Notizblock zum Ausprobieren.

Faltschritte für den Tierkörper

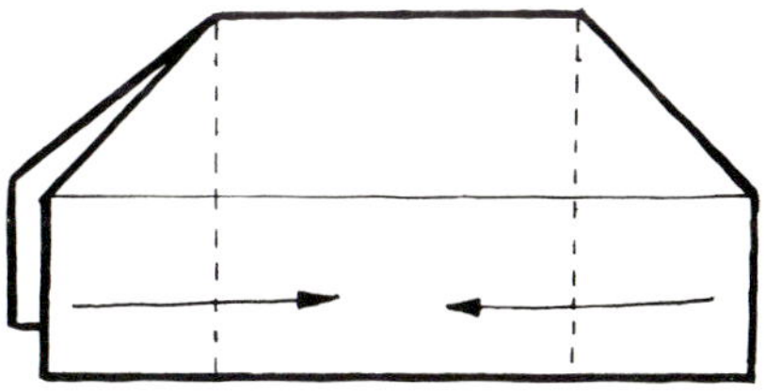

① *Falte das Haus mit schrägem Giebel wie auf Seite 12*

② *Nun falte rechte und linke obenaufliegende Giebelseite zur Mitte.*

③ *Wende und wiederhole Schritt 2.*

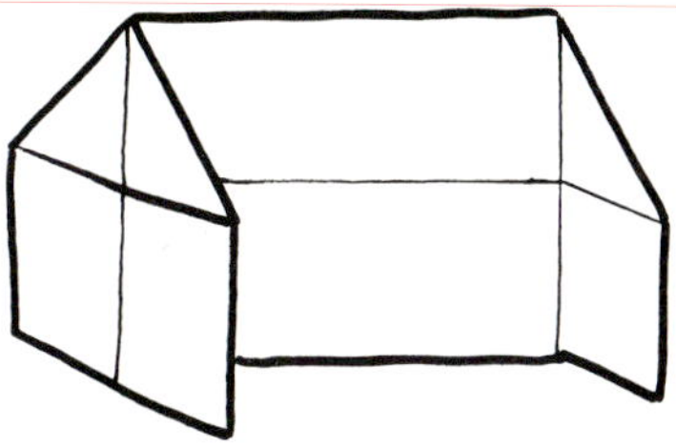

④ *Laß die Seiten wieder etwas aufspringen, so daß der Mittelteil flachgedrückt bleibt, die Seiten aber querstehen. Klebe hier den Tierkopf an.*

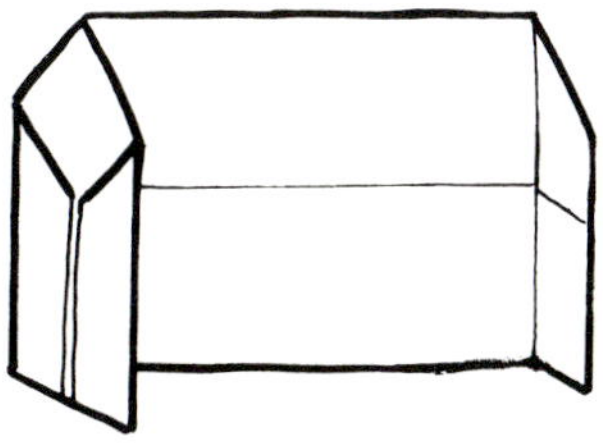

⑤ *Willst du den Körper schmaler gestalten, z.B. für Fuchs oder Katze, so falte die Seiten von rechts und links nochmals ein.*

Schwein **

Faltschritte

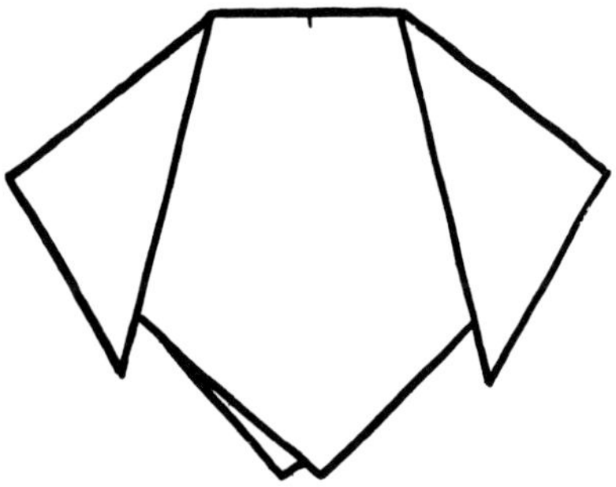

① Lege das gefaltete Kopftuch mit dem Bruch nach oben. Markiere dort durch einen winzigen Bleistiftpunkt die Mitte. Falte dann im fingerbreiten Abstand rechts und links der Markierung die spitzen Ohren schräg nach unten.

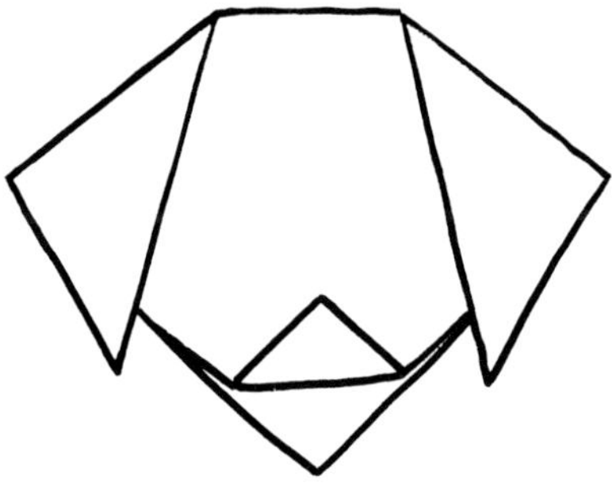

② Für die Gestaltung des Mauls falte die untere, obenaufliegende Ecke daumenbreit nach oben.

③ Willst du das Maul breiter erscheinen lassen, so falte die beiden Ecken ein wenig nach hinten um.

Fuchs ***

Faltschritte

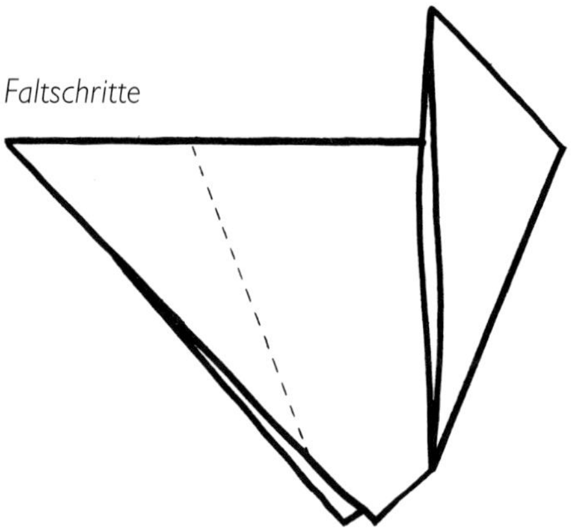

① Markiere mit Bleistift die Mitte auf dem Diagonalbruch. Falte zwei Finger breit von der Markierung schräge Brüche. So entstehen lange spitze Ohren und ein schmales Gesicht. Drücke beide Ohren breit.

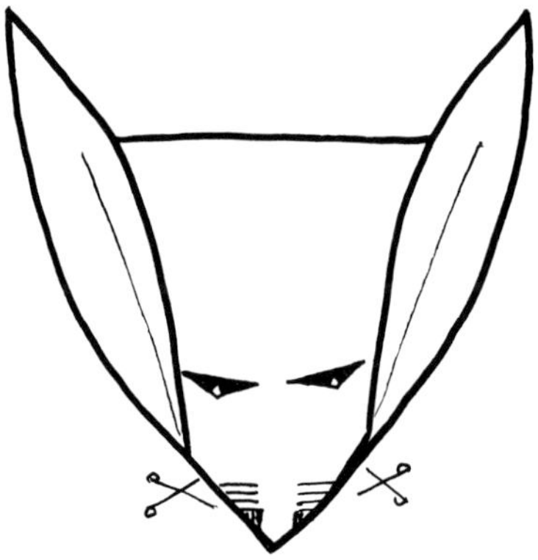

② Schneide unterhalb der Ohren am Maul von rechts und links schmale Streifen ein als Barthaare und schneide je rechts und links der Nase ein winziges Dreieck heraus.

Mit schmalen Augen kannst du das listige Wesen des Fuchses noch unterstreichen

Katze ***

Faltschritte

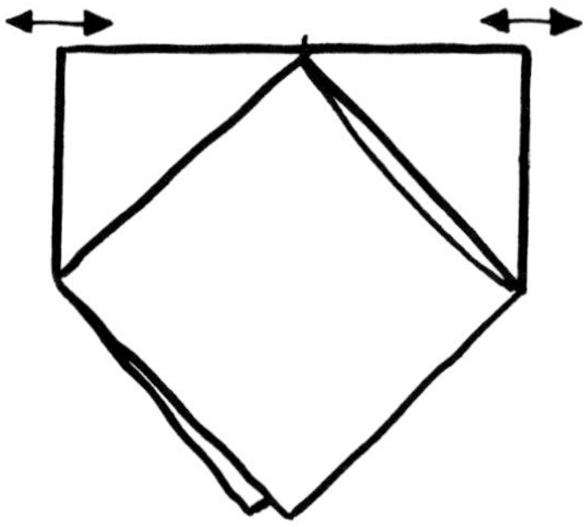

① Markiere die Bruchmitte und falte rechte und linke Spitze an die Markierung, falte auch nach hinten als Gegenbrüche und öffne wieder.

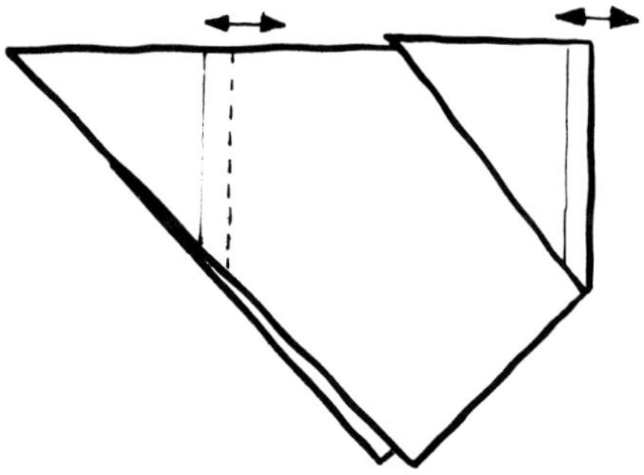

② Falte nun in etwa 0,5 cm Abstand in Richtung Mitte zwei weitere Brüche, auch als Gegenbrüche.

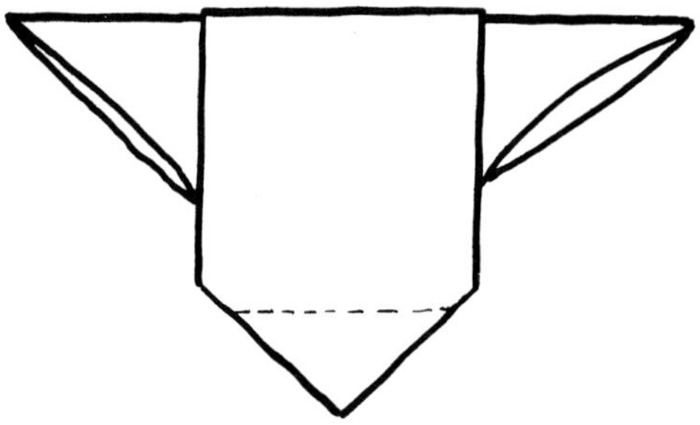

③ Schiebe unter leichtem Öffnen der Kopftuchfaltung die Ohren in die Faltform ein.

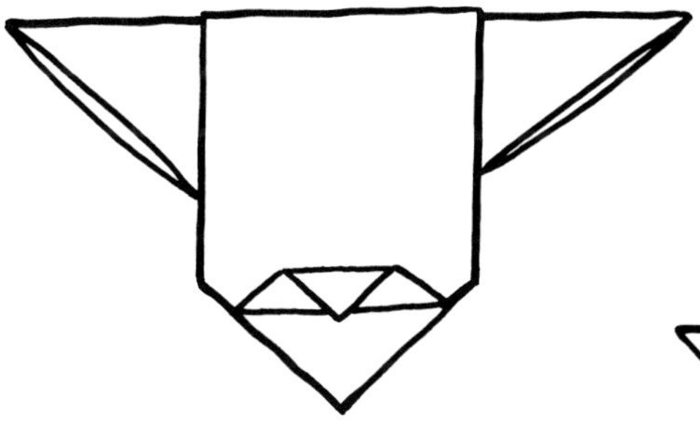

④ *Zur Gestaltung von Nase und Maul falte die untere obenaufliegende Ecke etwa 1,5 cm nach oben. Falte die gleiche Ecke wieder nach unten, so daß sie wenige Millimeter über den Bruch hinaussteht.*

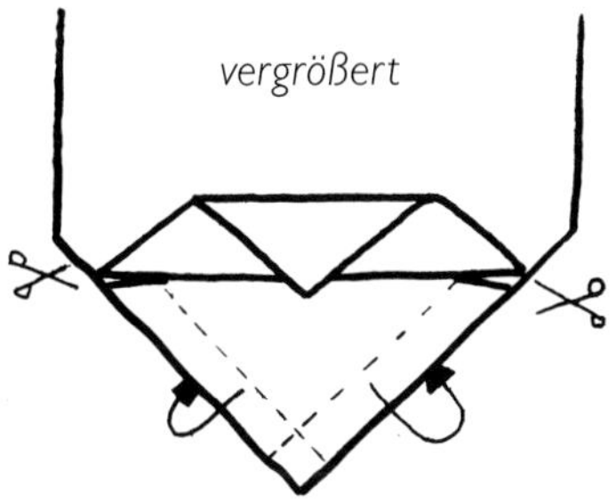

⑤ *Schneide direkt unter dem Bruch von links und rechts etwa 0,5 cm ein und falte die Kanten rechts und links der Ecke nach hinten um.*

⑥ *Falte schließlich die untere Ecke so weit um, daß sie sich ein wenig unter die Nase schiebt. Klebe Augen auf, spreize die Ohren etwas und der Katzenkopf ist fertig.*

Kuh ***

Faltschritte

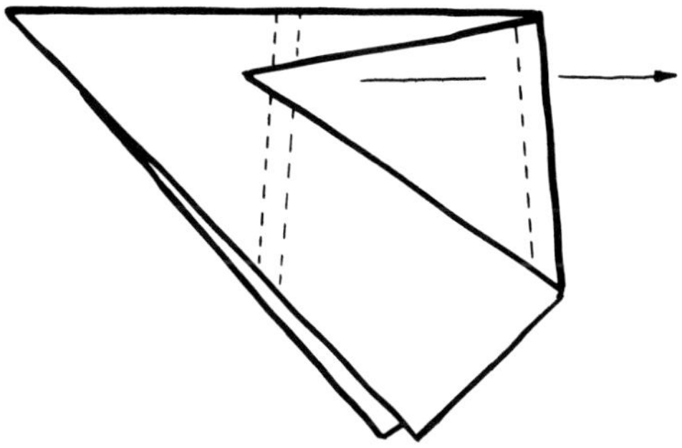

① *Falte im Abstand von etwa 2 cm rechts und links der Bruchmitte zwei leicht schräge Brüche.*

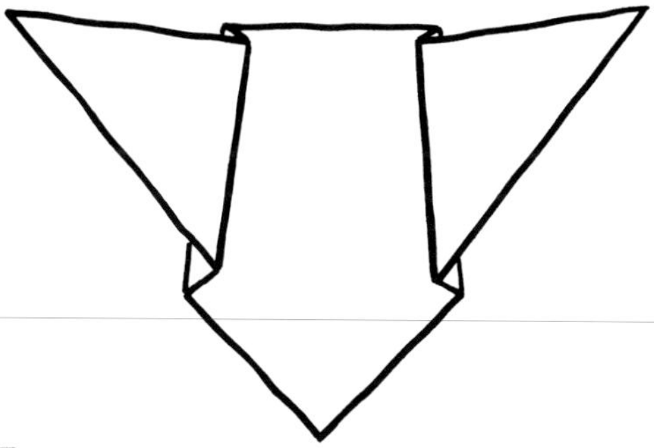

② *Lege die Spitzen nach außen, so daß dicht daneben zwei weitere Brüche, also Zick-Zack-Brüche, entstehen. Vergleiche mit der Zeichnung.*

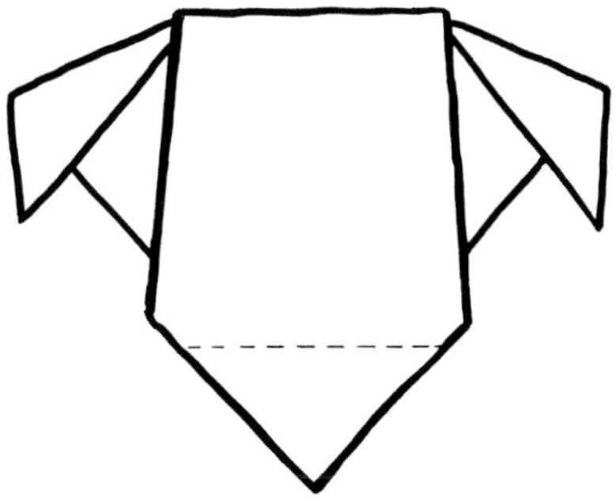

③ *Schiebe die Ohren in die Faltform ein und falte sie schräg nach unten.*

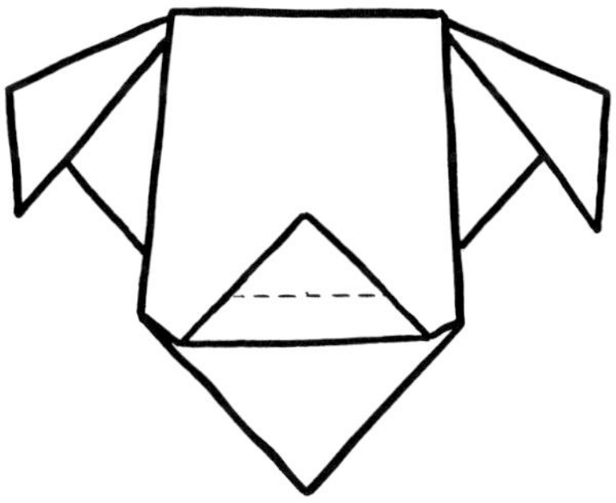

④ *Für die Gestaltung des Maules falte die untere Ecke so nach oben, daß der neue Bruch ein wenig unterhalb der rechten und linken Ecke liegt.*

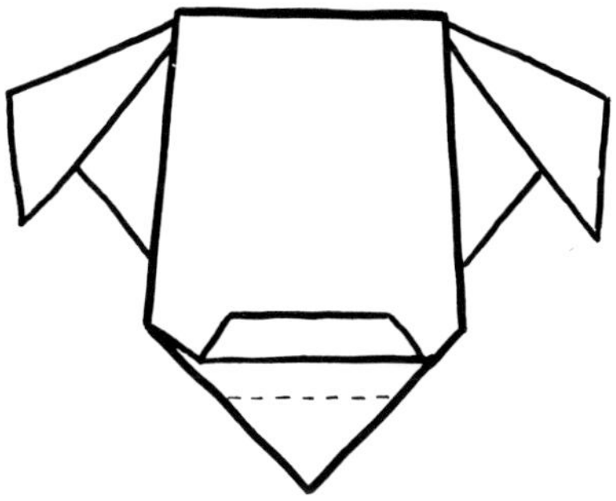

⑤ *Falte nun die obere Ecke des Maules so weit nach hinten um, daß nur noch ein ca. 7 mm breiter Rand bleibt.*

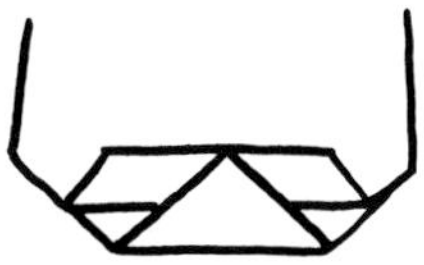

⑥ *Falte die untere Ecke an den oberen Rand des Maules.*

⑦ *Jetzt falte die Ecke wieder nach unten, so daß der neue Bruch den Bruch darüber berührt. Bringe noch Augen und Nasenlöcher an und die Kuh ist fertig.*

Fische

Zum Falten der Fische kannst du kleine bis mittelgroße quadratische Blätter verwenden. Origamipapier, Geschenkpapier, selbsteingefärbtes Papier, auch hauchzartes Seidenpapier sind für Fische bestens geeignet. Du kannst sie an dünnen Fäden im Raum oder im Fenster aufhängen.

Fisch I **

Faltschritte

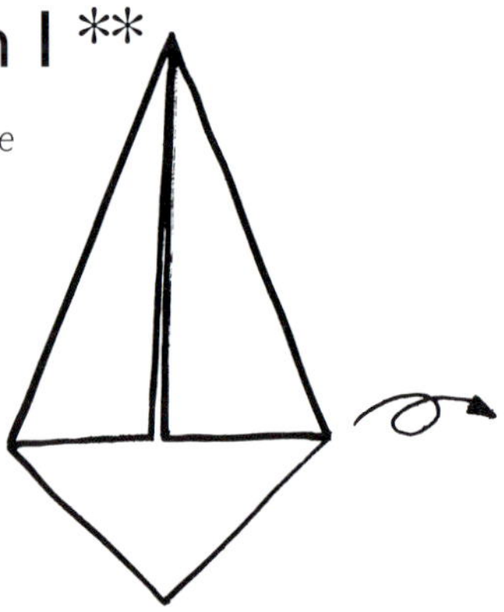

① Falte zuerst die Grundform Drachen, wende sie.

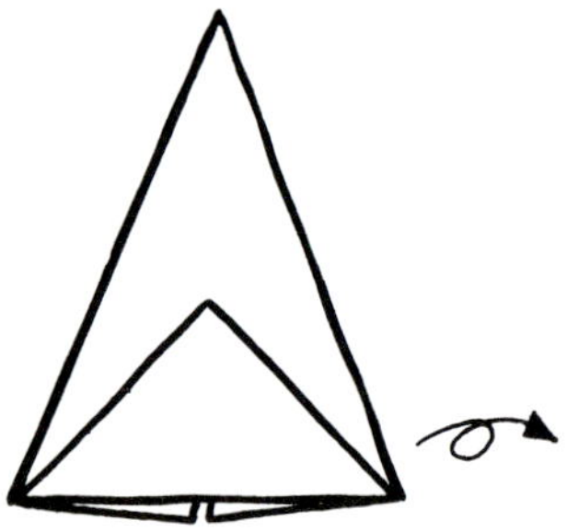

② Jetzt falte die untere Ecke nach oben, so daß der Bruch durch rechte und linke Spitze verläuft.

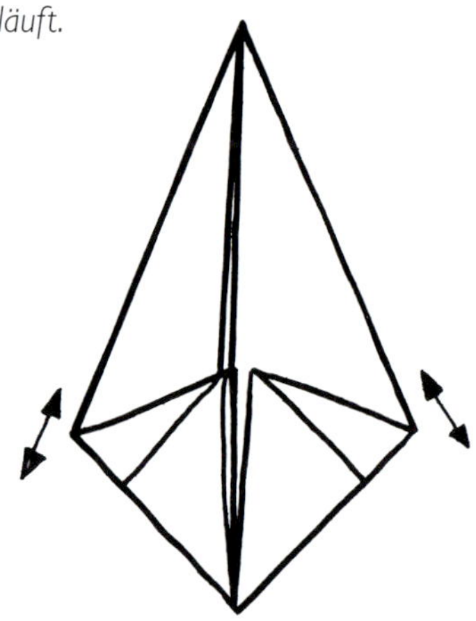

③ Wende die Form und falte rechte und linke Spitze zur Bruchlinie. Falte die schrägen Brüche auch als Gegenbrüche.

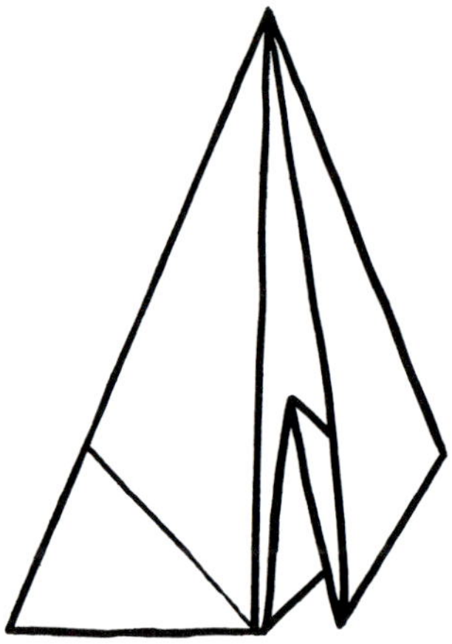

④ Öffne die beiden schrägen Brüche wieder und schiebe die beiden Dreiecke in die Faltform ein.

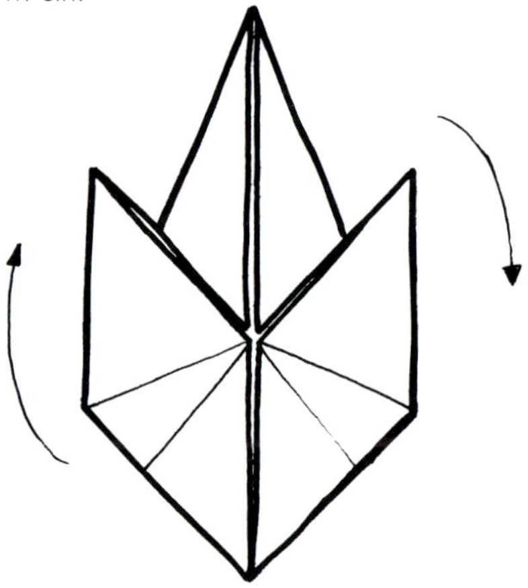

⑤ Lege die beiden Dreiecke nach oben. Du erkennst die Flossen des Fisches.

⑥ Drehe den Fisch quer und schneide den Schwanz auf der Mittellinie etwa 1 cm ein.

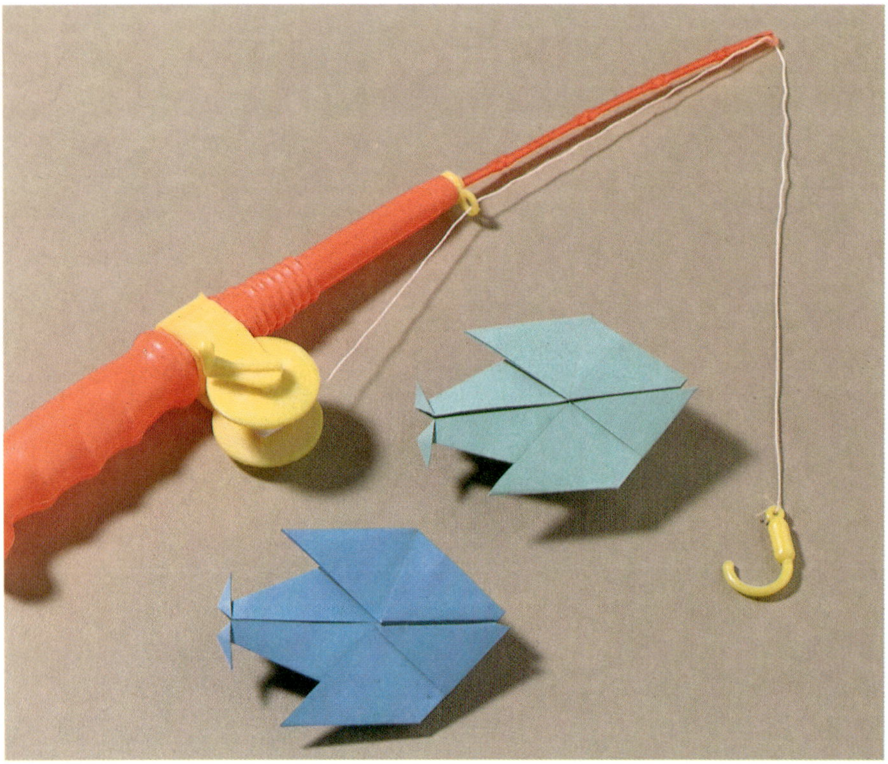

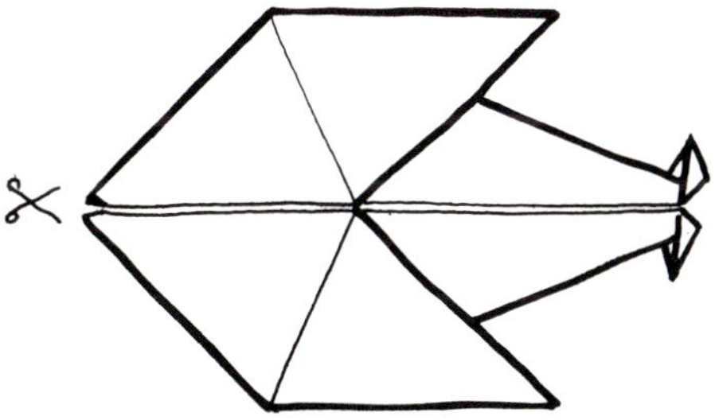

⑦ *Falte die beiden schmalen Spitzen nach oben bzw. nach unten, auch als Gegenbrüche und stülpe die beiden Teile.*
Du kannst auch ein winziges Dreieck am Maul herausschneiden.

Fisch II **

Faltschritte

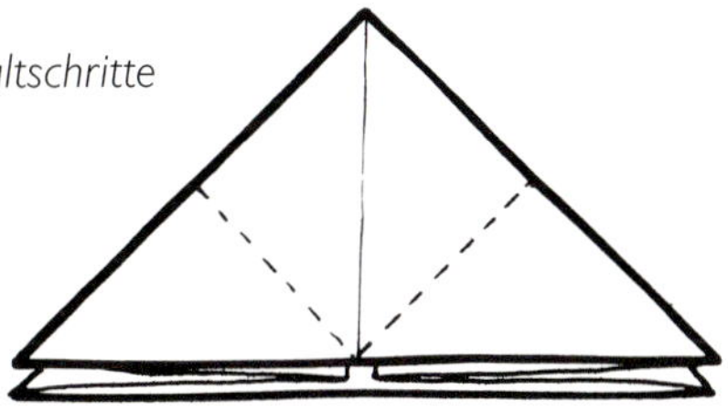

① *Falte das Fliegerdreieck (zweimal Buchfaltung - wenden - zweimal Kopftuchfaltung).*

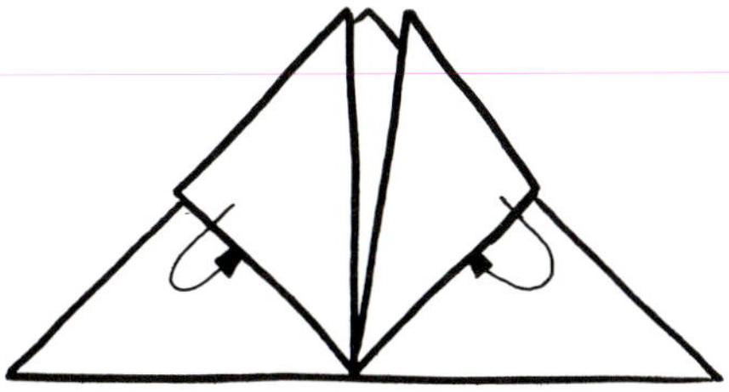

② *Drehe die offenen Kanten nach unten und falte die rechten und linken obenaufliegenden Spitzen zur oberen Ecke.*

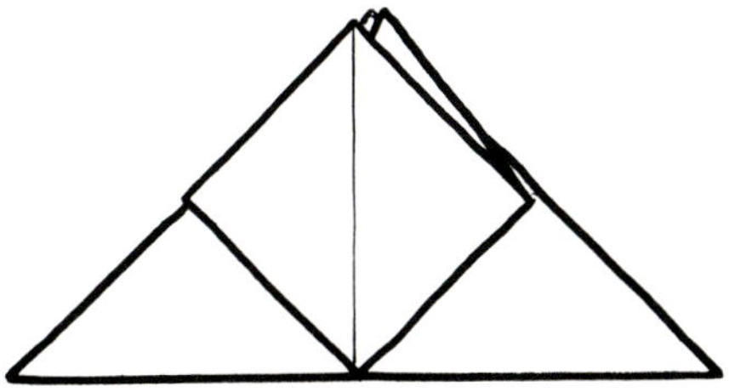

③ *Falte die beiden schrägen Brüche auch als Gegenbrüche, so daß die beiden kleinen Dreiecke nun verdeckt liegen.*

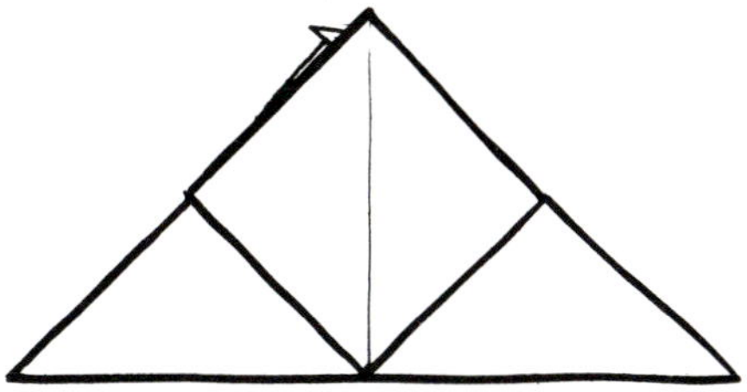

④ *Falte die Spitze des linken verdeckten Dreiecks ein wenig nach außen, so daß sie etwa 1 cm über die Gesamtform hinausgeht.*

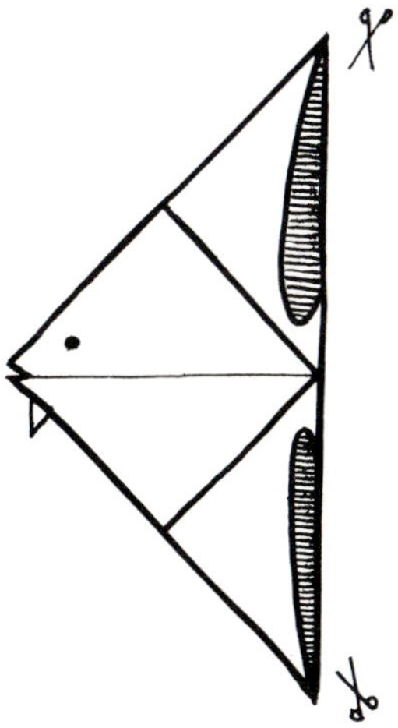

⑤ *Drehe den Fisch so, daß die große linke Spitze nach unten zeigt. Gestalte den Schwanz durch Herausschneiden wie Foto und Zeichnung es zeigen.*

Schmetterling **

Mehrere Schmetterlinge in eine Grünpflanze gesetzt, wirken sehr dekorativ. Du brauchst ein kleines bis mittelgroßes quadratisches Blatt. Origami- oder Geschenkpapier, aber auch selbstgefärbtes Schreibpapier mit ineinanderlaufenden Farben eignen sich gut.

Faltschritte

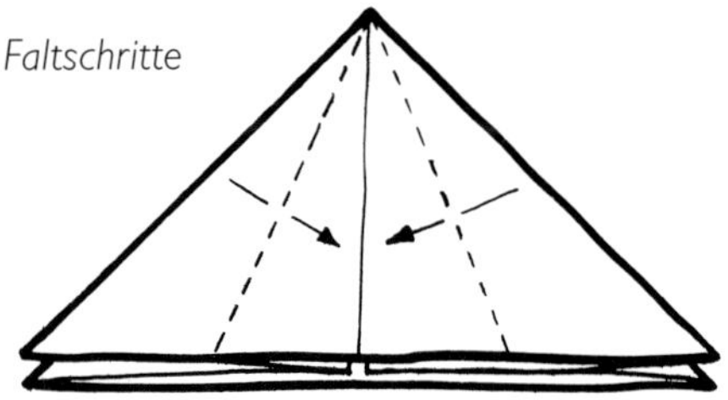

① Zuerst falte das Fliegerdreieck. Die offenen Kanten nach unten.

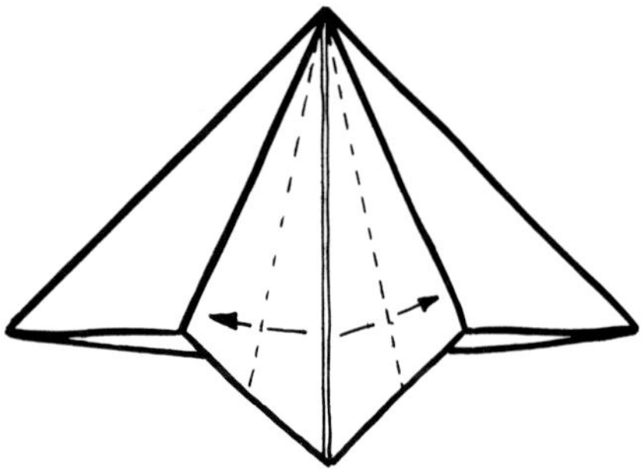

② Falte rechte und linke obenaufliegende Bruchkante an die mittlere Bruchlinie.

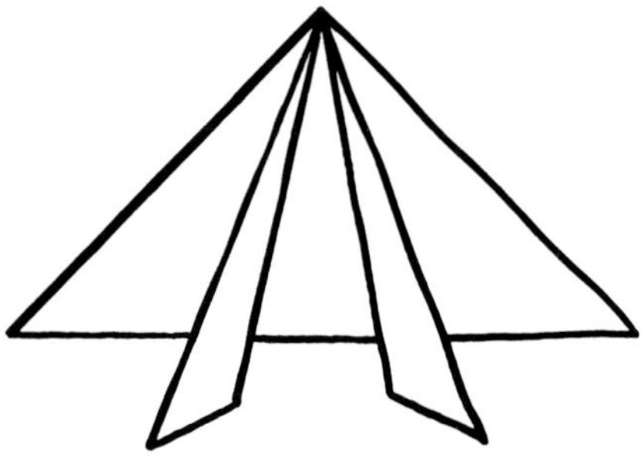

③ Nun falte die in der Mitte liegenden langen Bruchkanten wieder nach außen an die zuletzt entstandenen Brüche, so daß ganz schmale lange Dreiecken entstehen.

Wenn du ungemustertes Papier verwendet hast, kannst du den Schmetterling mit runden, farbigen Papierteilen schmücken.

Frosch ***

Für den Frosch braucht man ein quadratisches Blatt von etwa 12 cm Kantenlänge. Origami- und Geschenkpapiere, auch selbstgefärbte Papiere eignen sich gut. Du solltest Grün- und Grautöne für den Frosch bevorzugen.

Faltschritte

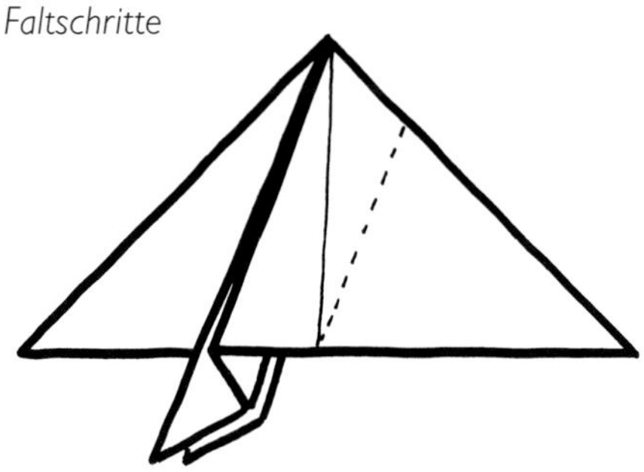

① Falte den Schmetterling wie beschrieben. Lege das rechte schmale Dreieck vorübergehend auf das linke (Hinterbeine)

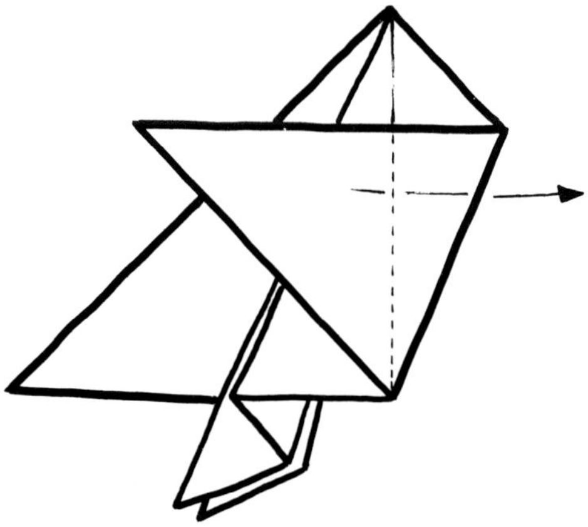

② Nun falte die rechte Spitze so weit nach links, daß oben die Bruchkante waagrecht verläuft und der neue schräge Bruch unten in der Mitte der Faltform beginnt.

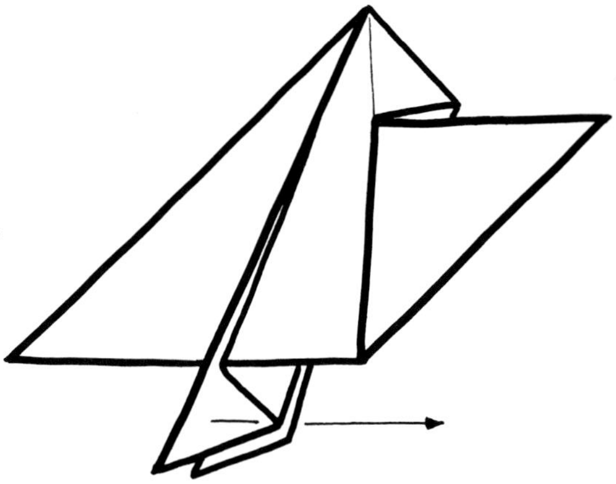

③ Falte die gleiche Spitze wieder nach rechts, so daß der neue senkrechte Bruch sich genau mit der Mittellinie der Faltform deckt. Ein Vorderbein ist fertig.

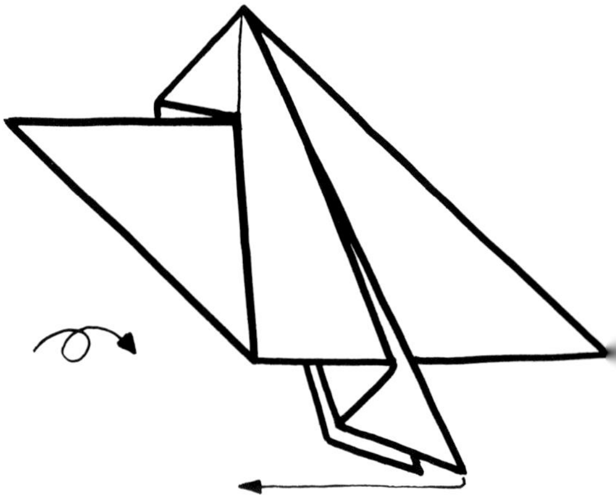

④ Lege nun alle schmalen Teile nach rechts, so daß die linke große Spitze frei liegt und falte nun seitenverkehrt die Schritte 2 und 3 nochmals.

⑤ Lege schließlich das obenaufliegende schmale Dreieck nach links und stelle den Frosch auf die Beine, indem du die Faltform wendest. Du kannst noch Froschaugen aufkleben.

Ente **

Für die Ente eignen sich alle einfarbigen und gemusterten durchgefärbten Papiere, besonders aber Seidenpapier. Wenn du mehrere Enten aus unterschiedlich großen Quadraten faltest, wird es eine Entenfamilie.

Faltschritte

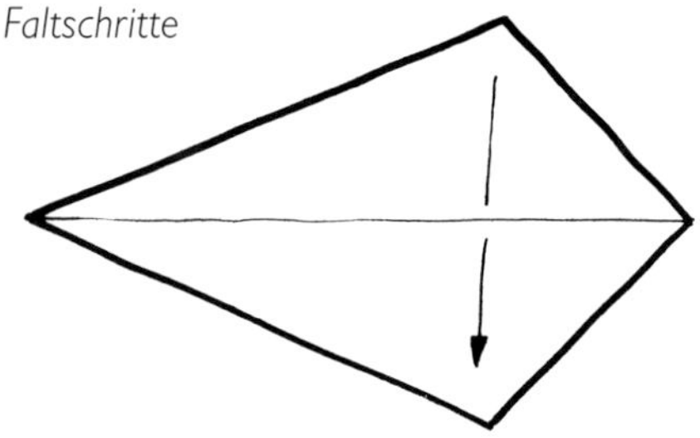

① Falte den Drachen, wende und lege ihn mit der Spitze nach links.

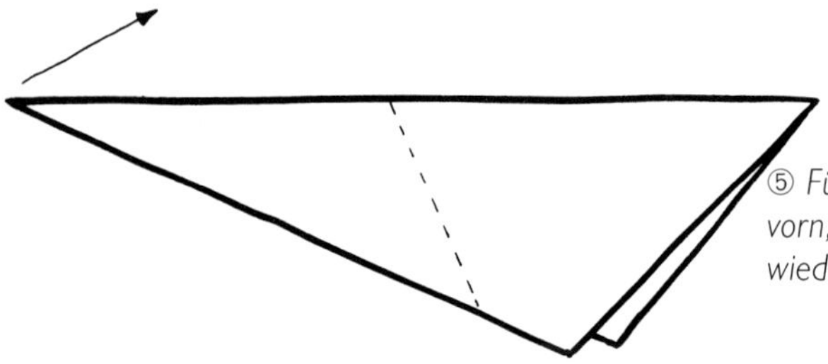

② Nun falte die obere Hälfte auf die untere und ziehe den langen Bruch gut nach. Es wird der Rücken der Ente.

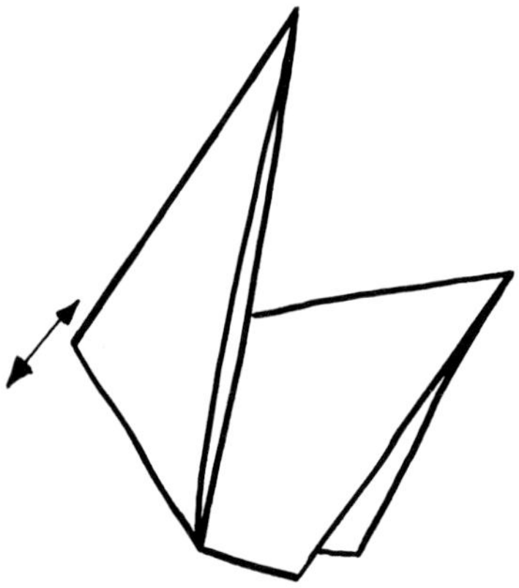

③ Falte jetzt die lange Spitze (Hals) schräg nach oben, so daß ein spitzer Winkel am Rücken entsteht. Falte auch als Gegenbruch.

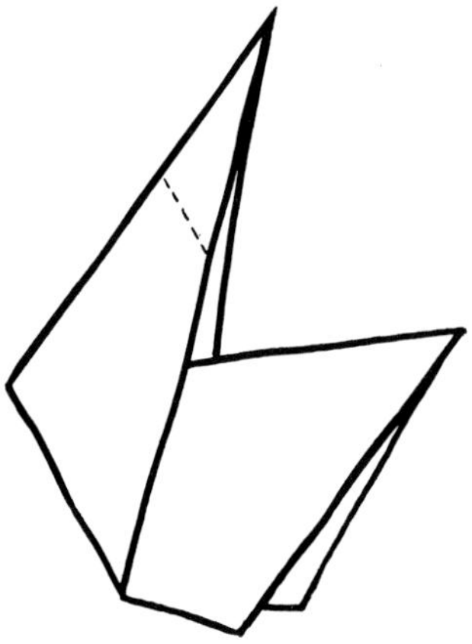

④ Stülpe unter leichtem Öffnen den Hals.

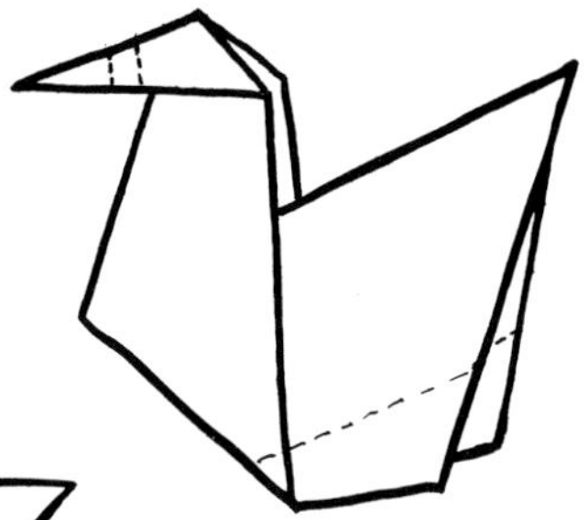

⑤ Für den Kopf falte die Spitze schräg nach vorn, auch als Gegenbruch und stülpe dort wieder die Faltform.

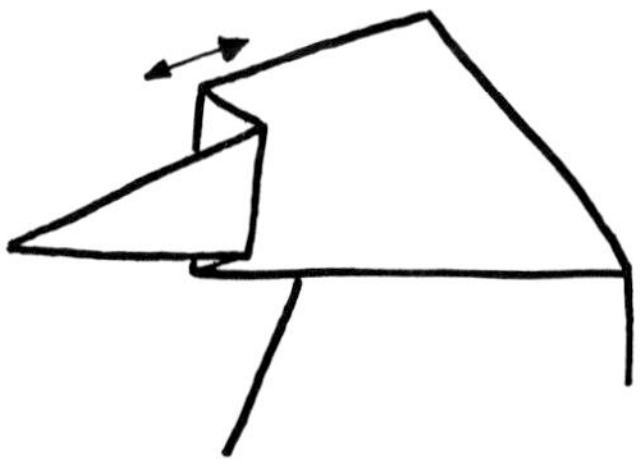

⑥ Zur Gestaltung des Schnabels falte die Spitze am Kopf durch zwei stufenartige Brüche und Gegenbrüche, wie auf der Zeichnung sichtbar ist.

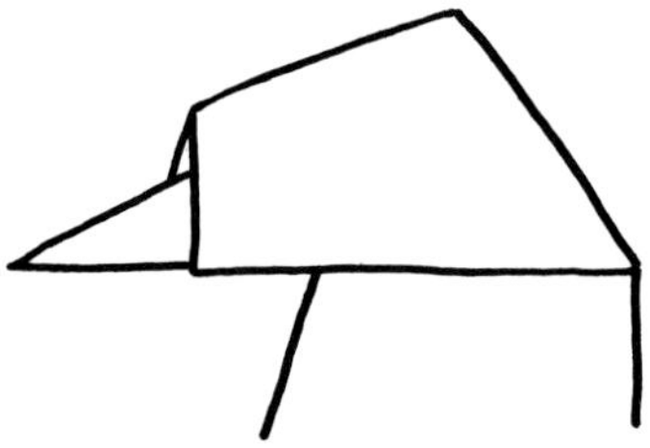

⑦ Öffne von unten leicht die Kopfform und schiebe den Schnabel ein.

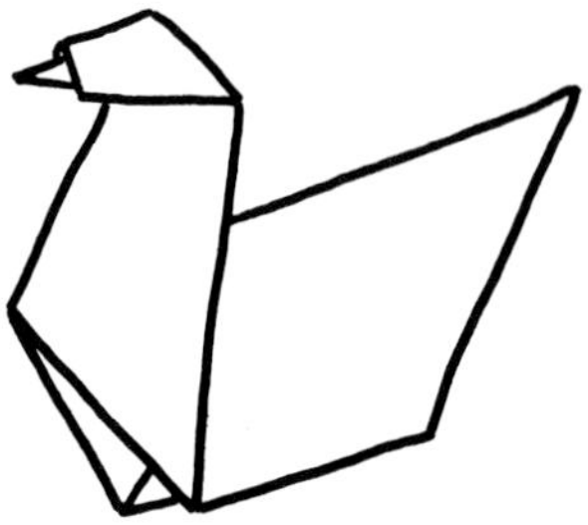

⑧ Falte unten die Kanten nach innen, so daß die Ente besser sitzt.

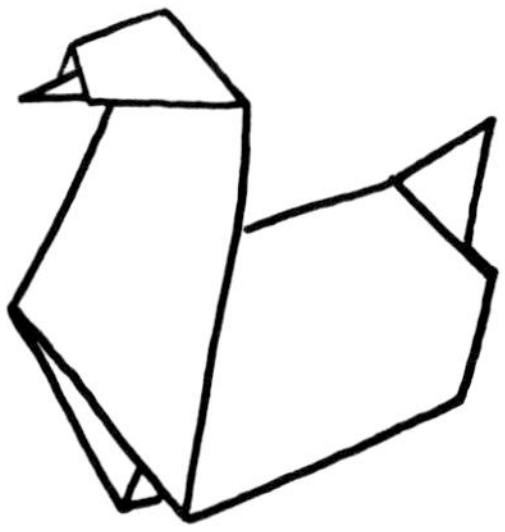

⑨ Willst du ein Entenküken falten, mußt du den Schwanz durch stufenartige Gegenbrüche noch einschieben. Die Ente sieht dadurch kürzer und rundlicher aus.

Schwan ***

Für das Falten des Schwans solltest du Transparent- oder zartfarbiges Seidenpapier bevorzugen. Ein quadratisches Blatt von 12 cm Kantenlänge ist günstig.

Faltschritte

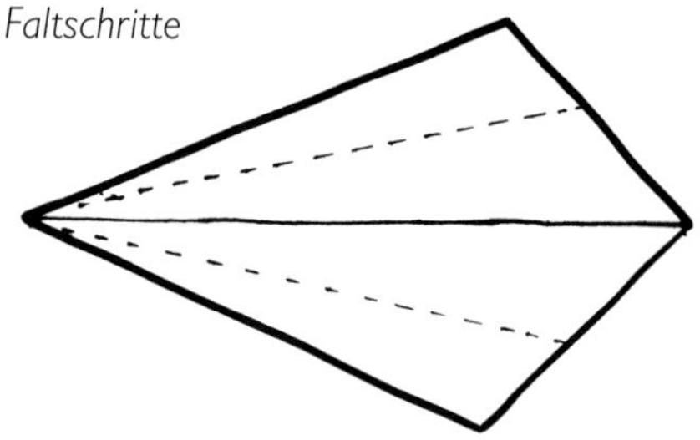

① Falte die Drachenform, wende und lege die Spitze nach links.

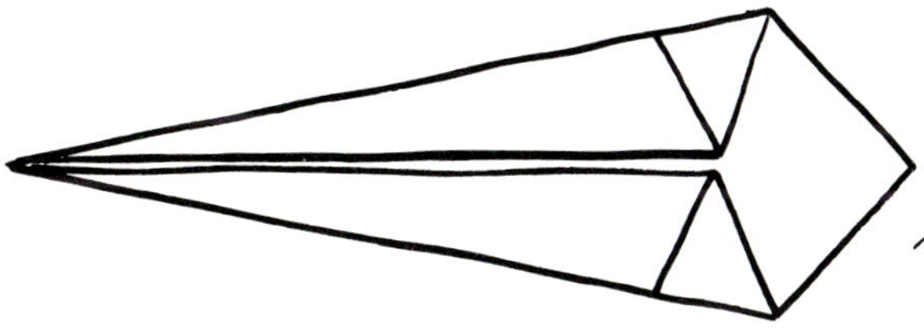

② *Nun falte beide schräge Bruchkanten zur Mitte an den Diagonalbruch. Es entsteht eine lange schmale Form.*

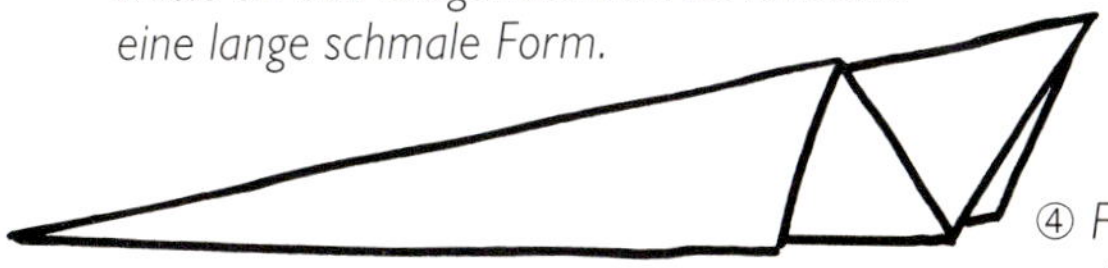

③ *Wende die Form und falte die obere schräge Bruchkante auf die untere.*

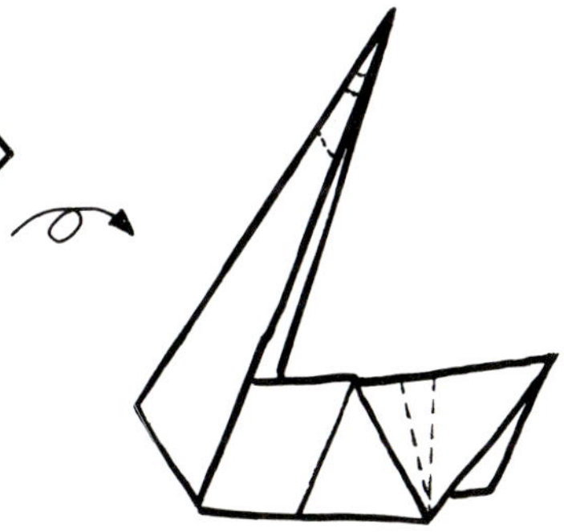

④ *Falte die lange Spitze schräg nach oben, so daß Hals und Rücken einen spitzen Winkel bilden. Falte auch den Gegenbruch und stülpe den Hals wie beim Falten der Ente.*

⑤ *Auch das Falten von Kopf, Schnabel und Schwanz geschieht ganz wie bei der Ente. Lies dort die Faltschritte 5, 6, 7 und 9.*

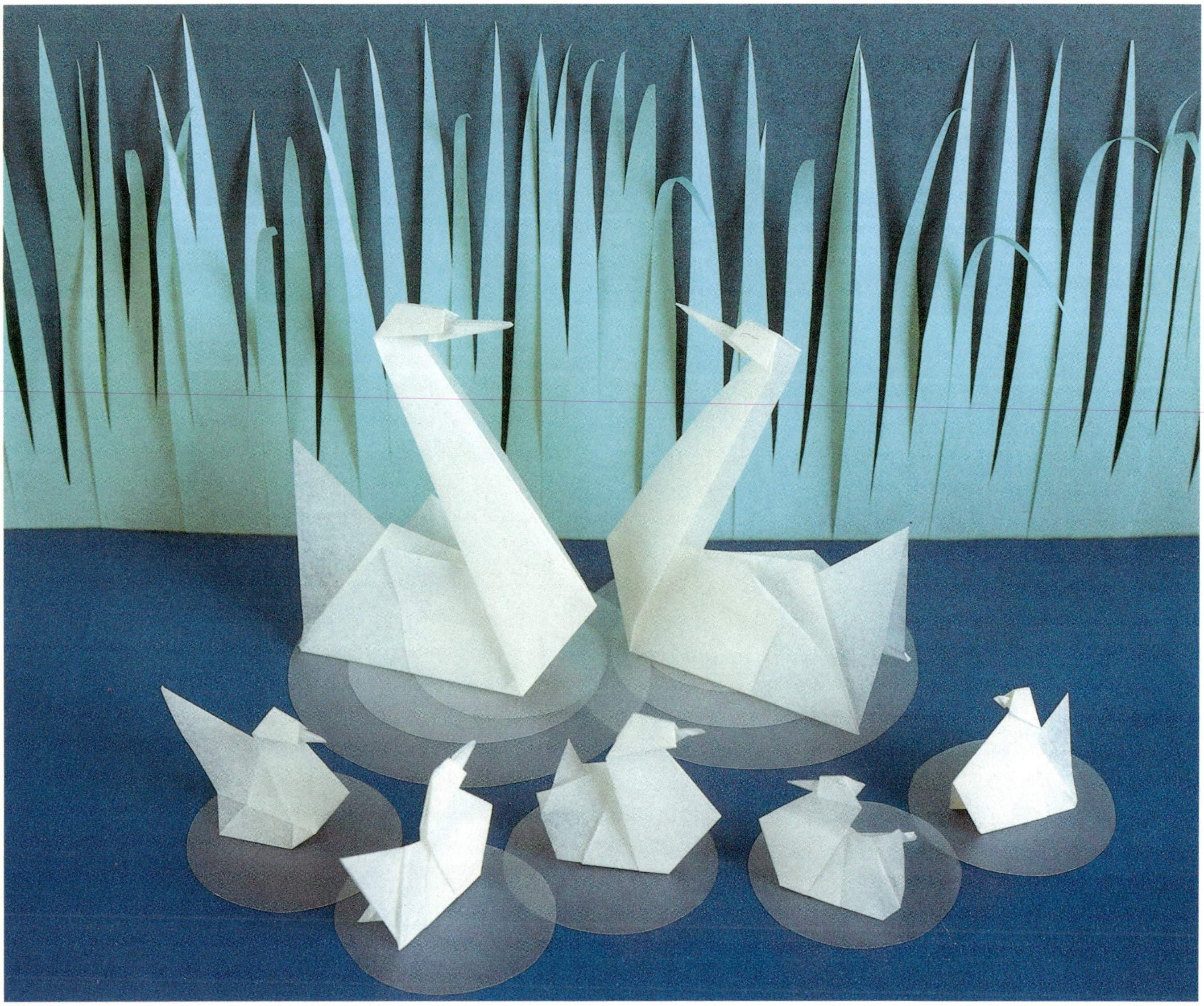

Klapperschnabel **

Schon zu Zeiten Friedrich Fröbels hatten die Kinder Freude am gefalteten Klapperschnabel. Beim Auf- und Zuschnappen hört man deutlich sein Klappern. Wenn du ihn mit der Faltform Hexentreppe als Körper verbindest, hast du eine interessante Tierform, die du ganz unterschiedlich weitergestalten kannst, z.B. als Schlange oder als Lindwurm. Das Foto zeigt eine der vielen Möglichkeiten. Dein quadratisches Blatt sollte durchgefärbt und ca. 12 x 12 cm groß sein. Origamipapier oder fleckenartig selbstgefärbtes Papier sind geeignet.

Faltschritte

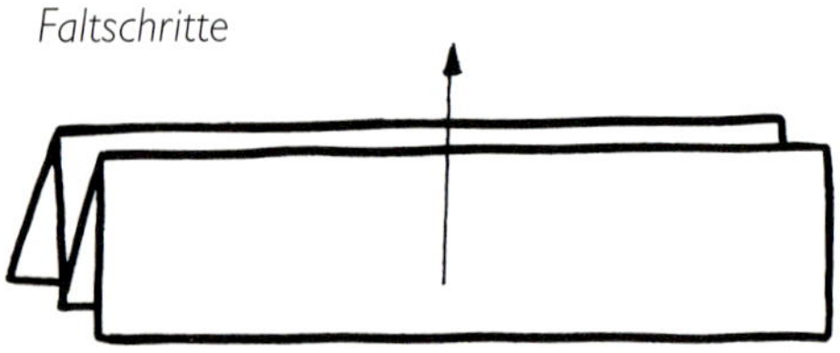

① Falte über Buch und Schrank die Treppe und lege die beiden Bergfalten nach oben.

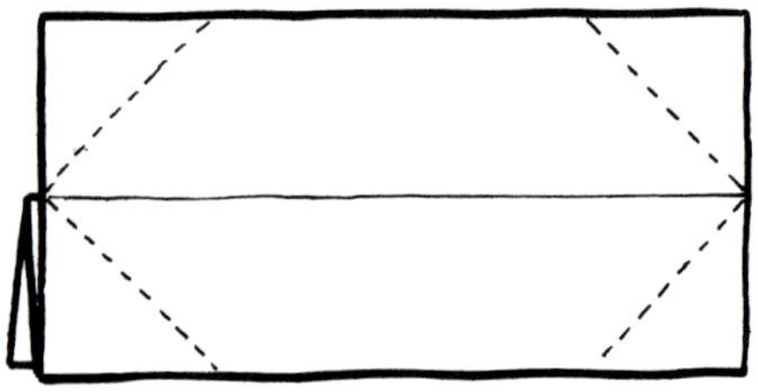

Klappe den obenaufliegenden Streifen nach oben. Das Papier liegt jetzt oben einfach und unten dreifach.

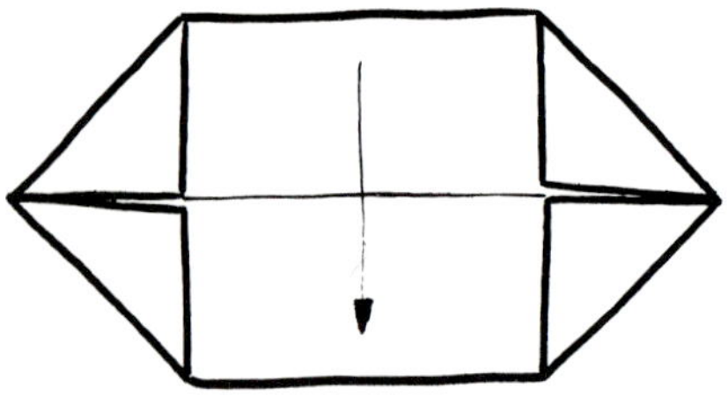

③ Falte alle vier Ecken an den mittleren Bruch.

④ Klappe nun wieder die obere Hälfte auf die untere. Es ist ein Kahn entstanden.

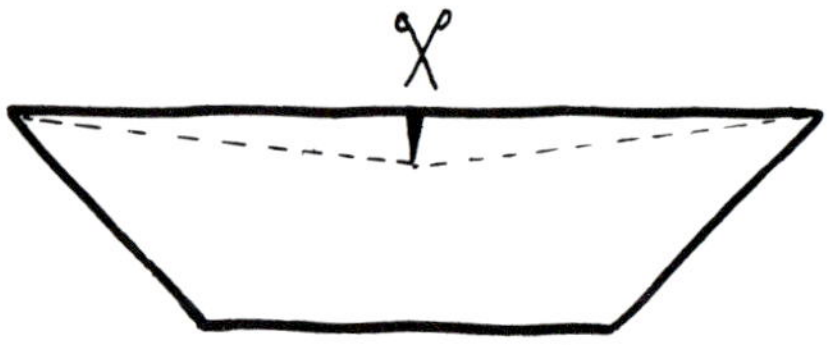

⑤ Markiere auf den oberen langen Kanten mit Bleistift genau die Mitte. Schneide von den oberen Rändern her etwa 1 cm tief ein.

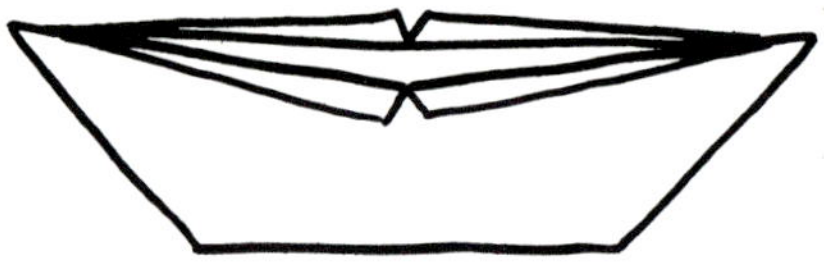

⑥ Falte nun jeweils vom Ende des Einschnitts bis zur rechten bzw. linken Spitze schräge Brüche, auch auf der Rückseite. Es entstehen vier lange schmale Dreiecke.

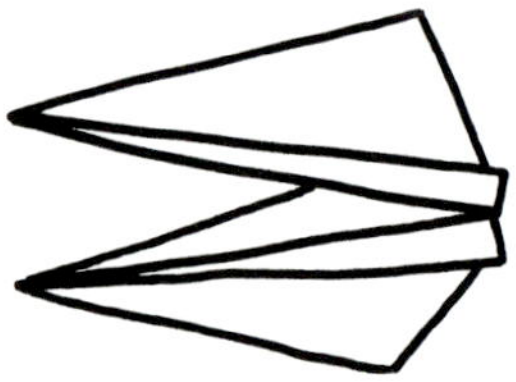

⑦ Biege vorsichtig beide Spitzen zueinander und probiere, wie laut der Schnabel klappert.

Für die Hexentreppe als Körper sollten die Streifen etwa 4 cm breit und 50 cm lang sein.

Für den Fledermauskopf wurde hier die Faltform „Vogel" von Seite 73 als Körper verwendet.

Fledermausartiger Tierkopf ***

Genau wie beim Klapperschnabel, kannst du auch beim fledermausartigen Kopf die Hexentreppe als Körper anbringen.
Es bietet sich aber auch die Faltform Vogel als Körper an. Probiere selbst, welche Möglichkeiten sich noch ergeben.
Für den Tierkopf brauchst du ein Blatt von mindestens 12 x 12 cm, Origami- und Geschenkpapier eignen sich gut.
Dunkle Papiere sind von besonderer Wirkung.

Faltschritte

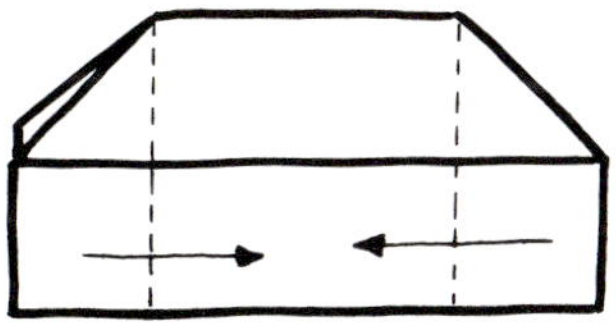

① Falte das Haus mit schrägen Giebeln, wie am Anfang des Buches beschrieben wird.

② Falte rechte und linke obenaufliegende Giebelseite des Hauses zur Mitte.

③ Wende und falte wie Schritt 2.

④ Falte den obenaufliegenden Teil schräg nach oben, wie die Zeichnung zeigt.

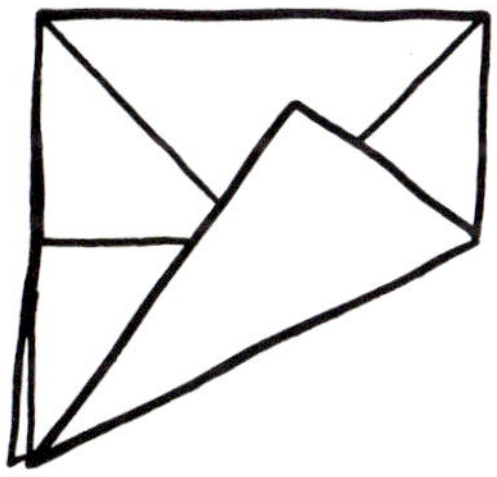

⑤ Wende und falte seitenverkehrt Schritt 4.

⑥ Falte nun die untere obenaufliegende Spitze ganz nach oben an die linke Ecke, so daß ein waagrechter Bruch entsteht.

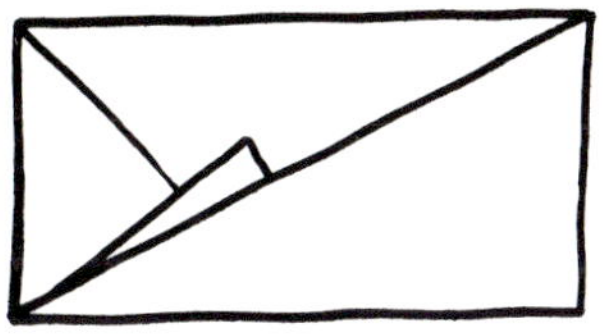

⑦ Wende und falte seitenverkehrt Schritt 6.

⑧ Zunächst sieht das Ganze aus wie eine kleine Tasche. Stecke von rechts Daumen und Zeigefinger in die "Tasche". Drücke von links den "Taschenboden" vorsichtig ein, so daß ein Maul oder Schnabel entsteht. Dabei richten sich die großen Ohren auf.
Nun probiere, wie der Schnabel auf- und zuschnappt. Du kannst noch Augen, Zähne und Zunge ankleben.

Pinguin ***

Ein kleines quadratisches Faltblatt von etwa 10 cm Kantenlänge reicht aus für den Pinguin. Es sollte jedoch eine dunkle und eine helle Seite haben, da dieser Farbkontrast typisch für das Tier ist. Origamipapier ist deshalb empfehlenswert.

Faltschritte

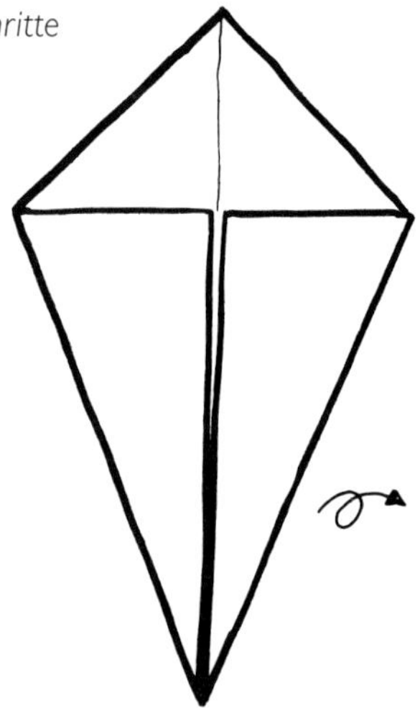

① *Lege die helle Seite des Blattes obenauf und falte den Drachen.*

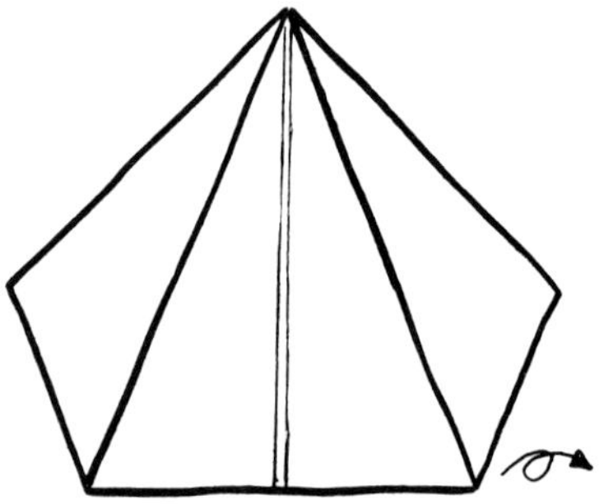

② *Wende und falte die untere Spitze auf die obere Ecke.*

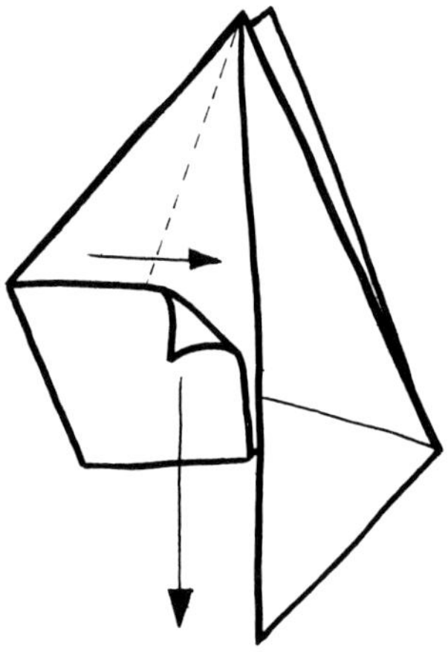

③ *Wende wieder die Form, hebe die in der Mitte liegenden Ecken an und ziehe sie ganz nach unten. So entstehen zwei lange schmale Dreiecke, die zusammen wieder eine Drachenform ergeben.*

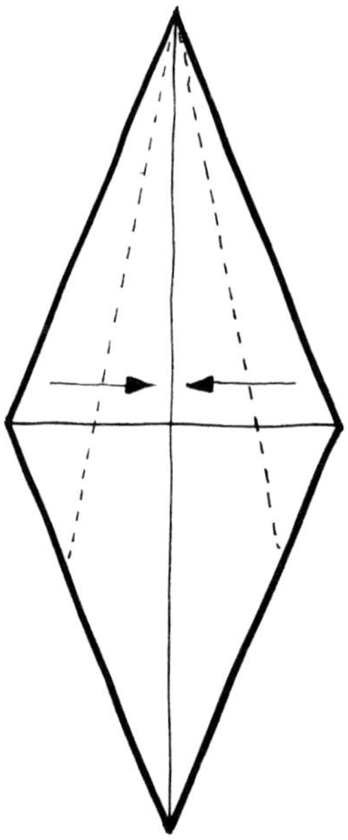

④ *Klappe die obere, obenaufliegende Spitze ganz nach unten. Die entstandene Form nennt man Rhombus.*

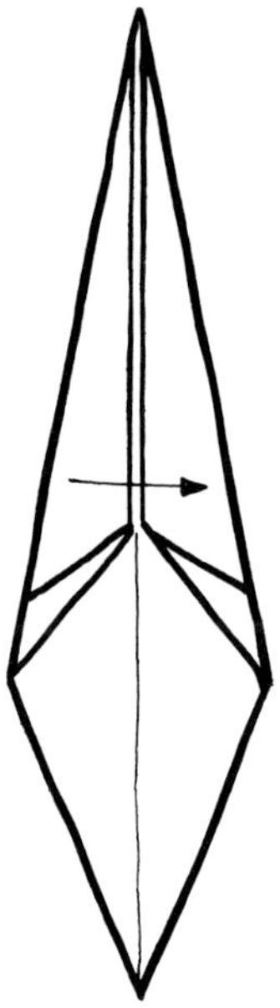

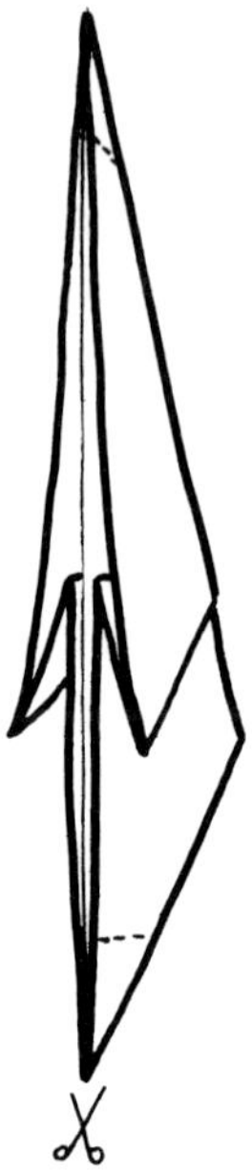

⑤ *Falte beide obere Bruchkanten zum Diagonalbruch, so daß eine lange schmale Form entsteht.*

⑥ *Falte die linke Hälfte auf die rechte, und du siehts schon die Flügel des Pinguins.*

⑦ *Schneide von unten her auf dem langen mittleren Bruch etwa 2 cm nach oben ein und falte die Fuße des Pinguins nach vorn.*

⑧ *Für den Kopf wird die obere Spitze nach links gefaltet, auch als Gegenbruch. Dann stülpe die Form. Wenn du willst, kannst du den Schnabel wie bei der Ente falten.*

Robbe ***

Für die Robbe brauchst du ein quadratisches Blatt von 10 bis 12 cm Kantenlänge. Es sollte durchgefärbt sein. Origami- und Geschenkpapier eignen sich am besten.

Faltschritte

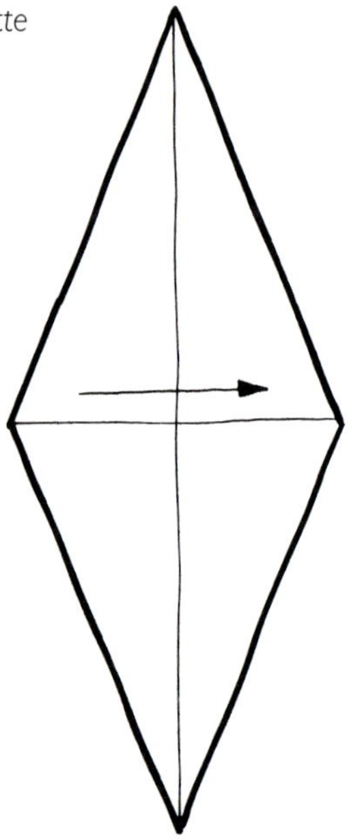

① Falte den Pinguin bis Schritt 4.

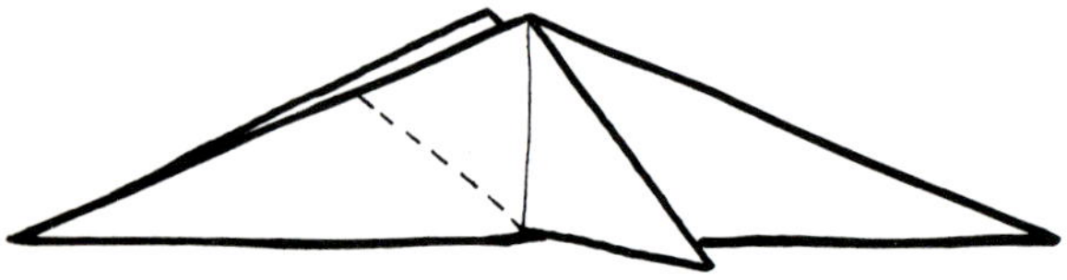

② Klappe die linke Hälfte auf die rechte und drehe die Form quer.

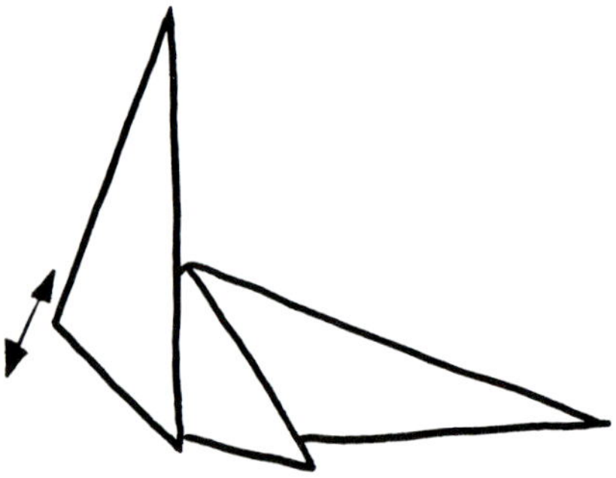

③ Falte die linke Spitze senkrecht nach oben bis an die obere Ecke, falte auch den Gegenbruch und öffne.

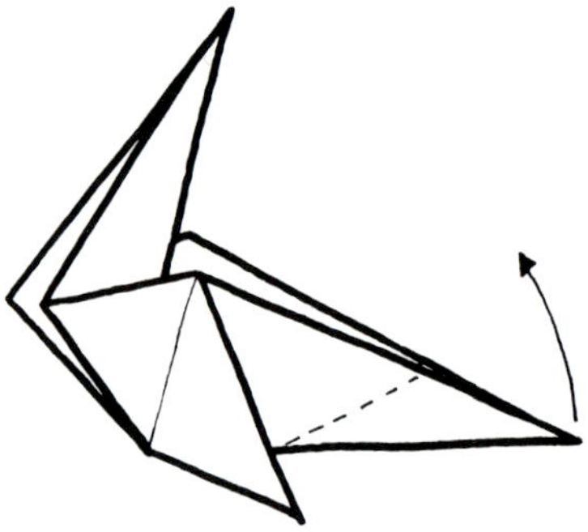

④ Öffne von oben die Faltform leicht und schiebe die lange Spitze ein. Der aufrechte Hals der Robbe ist sichtbar.

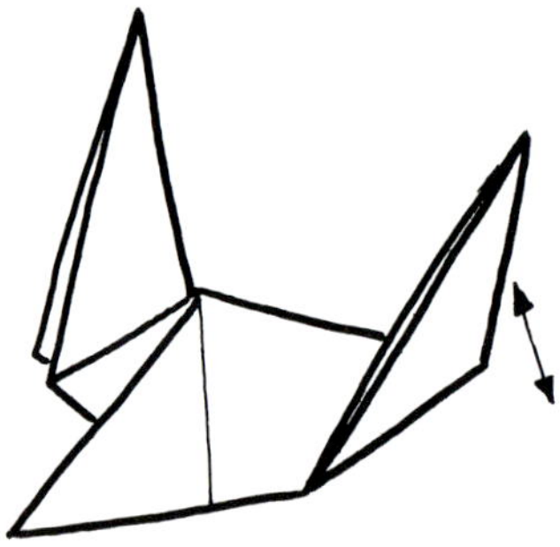

⑤ Falte nun den Schwanz der Robbe schräg nach oben, auch als Gegenbruch.

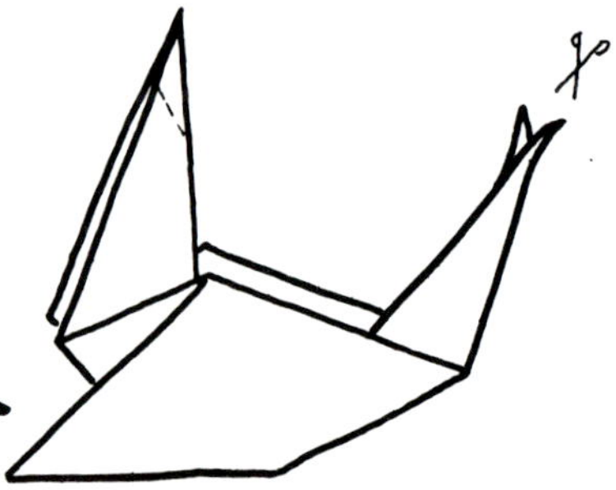

⑥ Schiebe auch den Schwanz in die Faltform ein. Schneide von der Schwanzspitze her auf der Mittellinie etwa 1 cm ein, spreize die Enden.

⑦ Den Kopf der Robbe falte schräg als Gegenbruch und schiebe ihn ebenfalls ein.
⑧ Schneide auch dort längs ein und falte die Spitzen nach unten als Bart.

Vogel ***

Für den Vogel reicht ein kleines quadratisches Faltblatt von 8 bis 10 cm Kantenlänge. Kleingemusterte oder selbstgefärbte Papiere eignen sich ebenso wie die beliebten Origami-Faltblätter. Mehrere bunte Vögel an dünnen Fäden im Zimmer oder am Weihnachtsbaum aufgehängt, sind ein dekorativer Schmuck.

Faltschritte

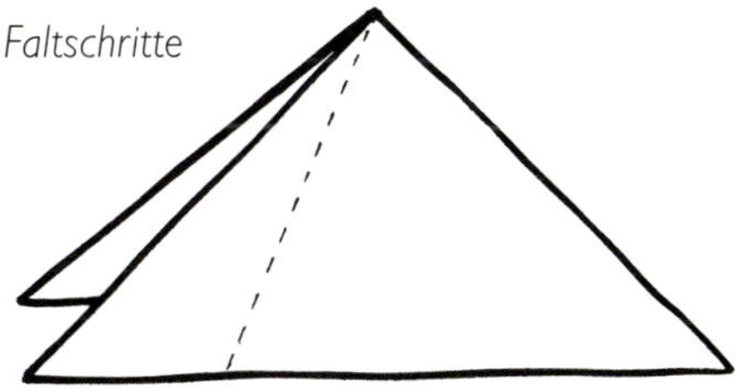

① Falte das Kopftuch, die farbige Seite sollte außen sein.

② Jetzt falte das Zelt, also rechte auf linke Spitze.

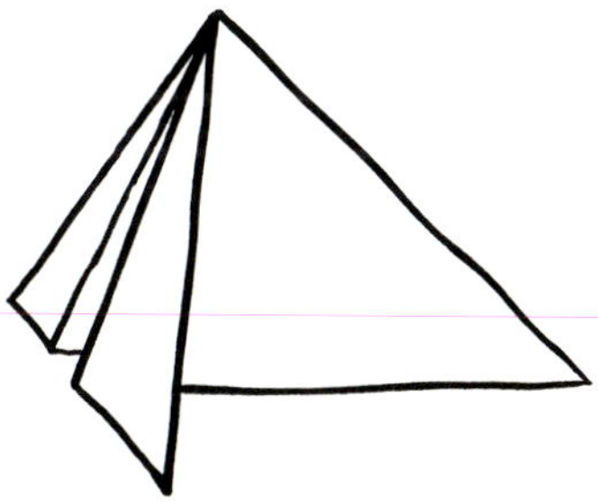

③ Falte die obenaufliegende Bruchkante von links nach rechts, so daß unten ein rechter Winkel entsteht. Wende und falte seitenverkehrt in gleicher Weise.

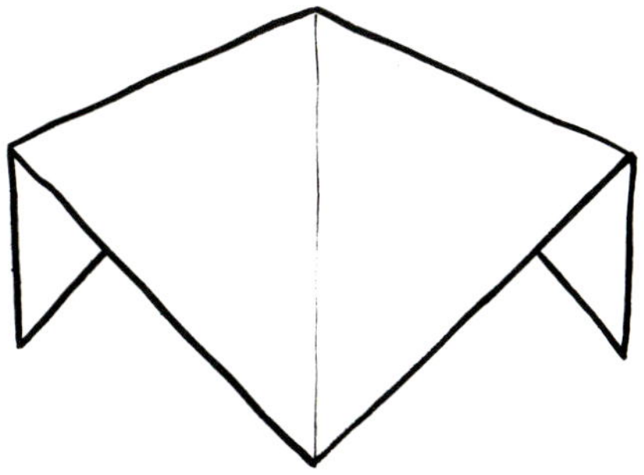

④ Klappe die Form auseinander, so daß beide schmale Dreiecke jetzt zuunterst liegen.

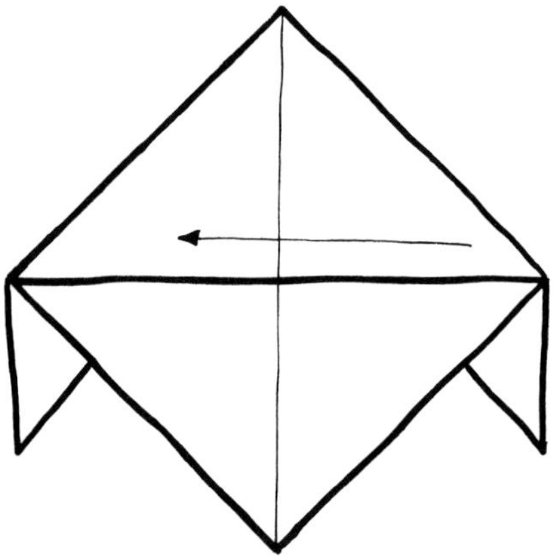

⑤ Die untere obenaufliegende Ecke falte nun so weit es geht nach oben.

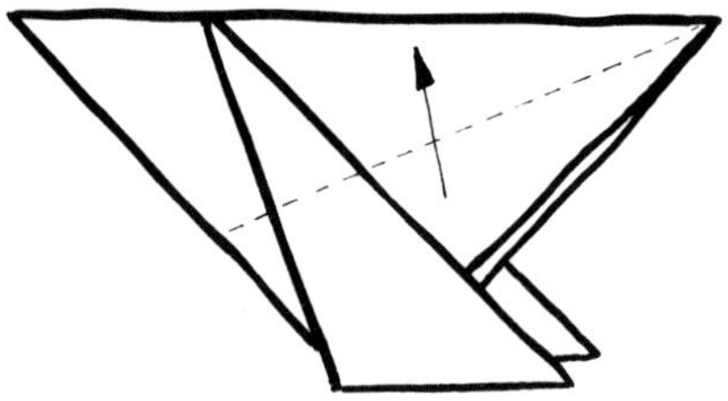

⑥ Falte die rechte auf die linke Seite, der Bruch ist bereits vorhanden. Drehe ihn nach oben als Rücken des Vogels.

⑦ Falte die rechte untere Kante mit dem Flügel nach oben an den großen Bruch. Wende und falte seitenverkehrt ebenso.

⑧ Für Kopf und Schnabel falte die linke Spitze schräg um, auch als Gegenbruch und schiebe das Dreieck in die Faltform ein.

Papagei ***

Genau wie der Schmetterling, so kann auch der Papagei eine hübsche Ergänzung auf einer Blattpflanze bilden. Du brauchst dazu zwei gleichgroße, quadratische Blätter von ca. 10 cm Kantenlänge. Das Papier sollte durchgefärbt sein. Sehr gut eignet sich selbstgefärbtes Schreibpapier mit ineinanderlaufenden Farben wie das Foto zeigt.

Faltschritte für den Rumpf

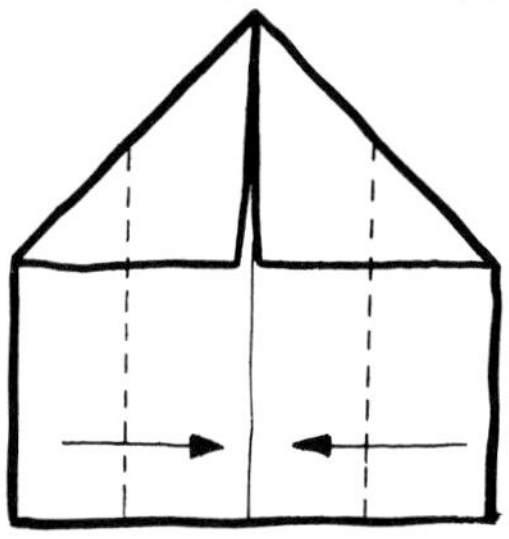

① Falte das Buch, öffne wieder und falte beide obere Ecken an die Mittelbruchlinie.

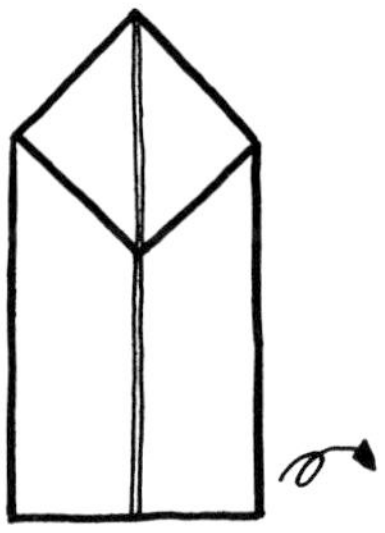

② Nun falte rechte und linke Kante an die Mittelbruchlinie.

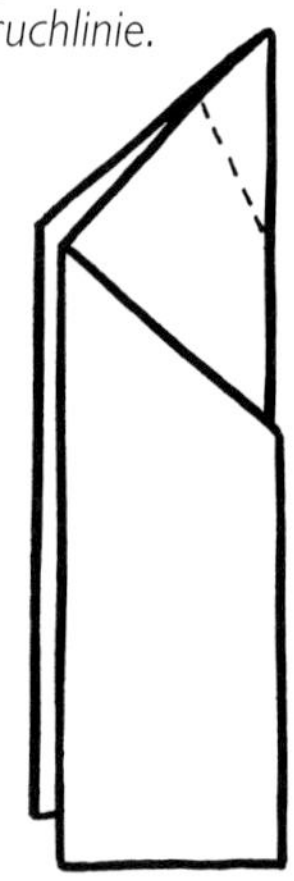

③ Wende die Form und falte die rechte auf die linke Bruchkante.

④ Für den Schnabel falte die obere Spitze um, wie in der Zeichnung sichtbar und falte auch den Gegenbruch.
⑤ Schiebe das kleine Dreieck in die Faltform ein.

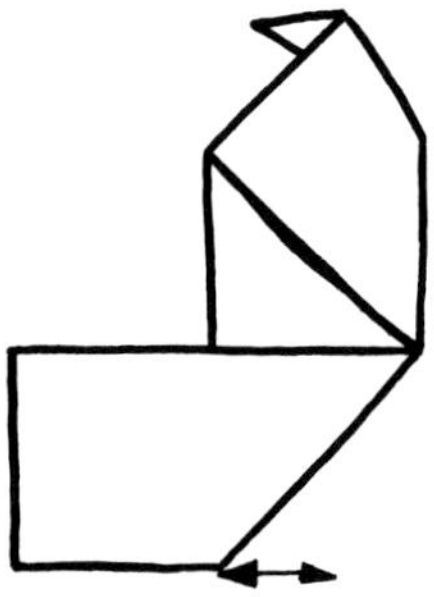

⑥ Falte den unteren Teil nach links, so daß an der Bauchseite ein rechter Winkel entsteht. Falte auch den Gegenbruch und öffne wieder.

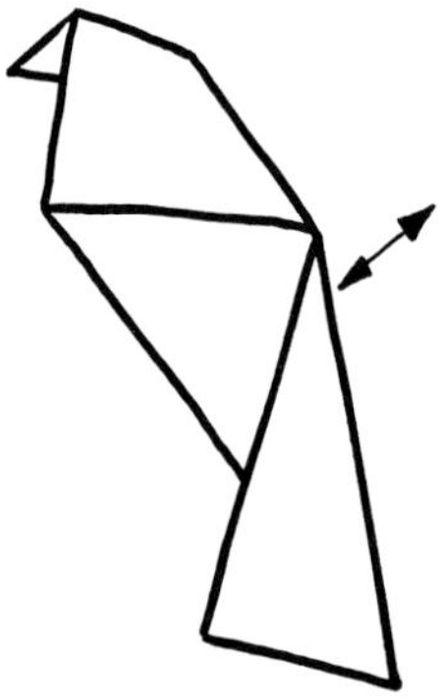

⑦ Falte einen weiteren schrägen Bruch. Er hat den gleichen Ausgangspunkt am Rücken des Papageis und endet an der linken unteren Ecke. Falte ihn auch als Gegenbruch. Öffne wieder.

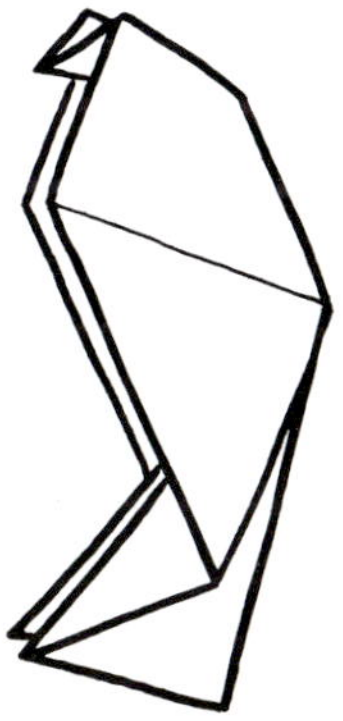

⑧ *Spreize die Form an der Bauchseite und schiebe den unteren Teil fächerartig in die Faltform ein. Es ist der kurze Schwanz des Papageis. Die Schwanzverlängerung faltest du aus dem zweiten Blatt.*

Faltschritte für die Schwanzverlängerung

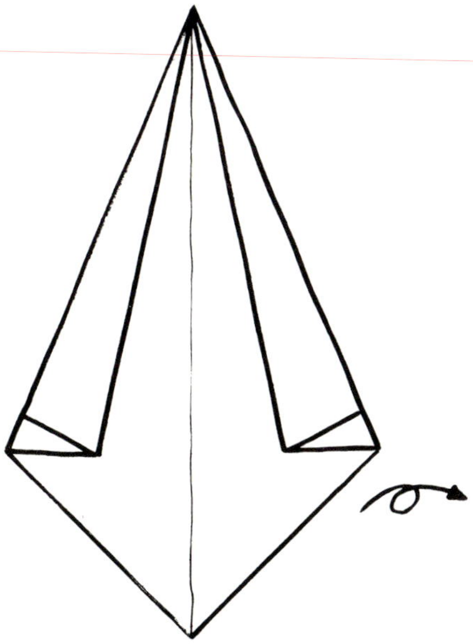

① *Falte den Drachen.*

② *Jetzt falte beide Kanten von der Mitte her nach außen an die schrägen Bruchkanten.*

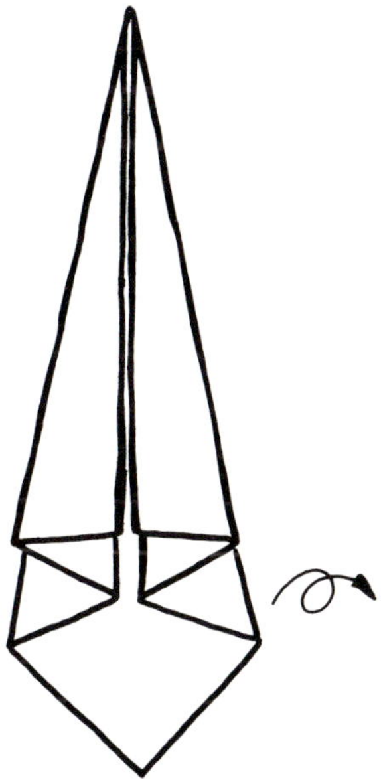

③ *Wende die Form und falte die äußeren Schrägen zur Mitte an den Diagonalbruch.*

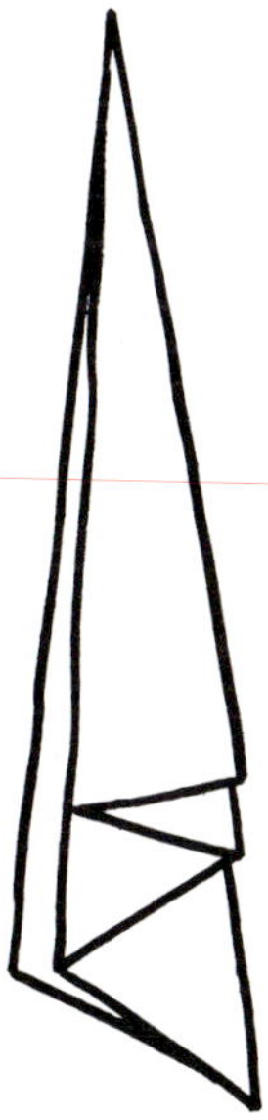

④ *Wende erneut und falte die rechte Schräge auf die linke. Diesen fächerartigen Schwanz klebe von unten her in die Papageienform ein.*

Krokodil ***

Verwende für das Krokodil ein quadratisches Blatt von ca. 12 cm Kantenlänge. Gut eignet sich durchgefärbtes Papier, aber auch einseitig kleingemustert ist möglich. Du solltest Grün- oder Grautöne bevorzugen.

Faltschritte

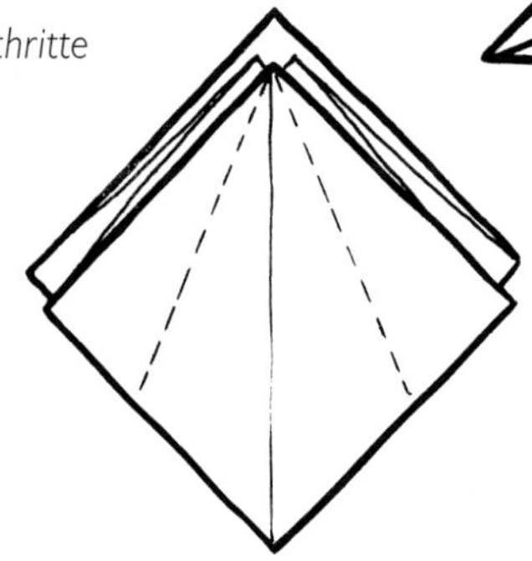

① *Falte das zusammengeschobene Quadrat, die Rückseite soll außen liegen.*

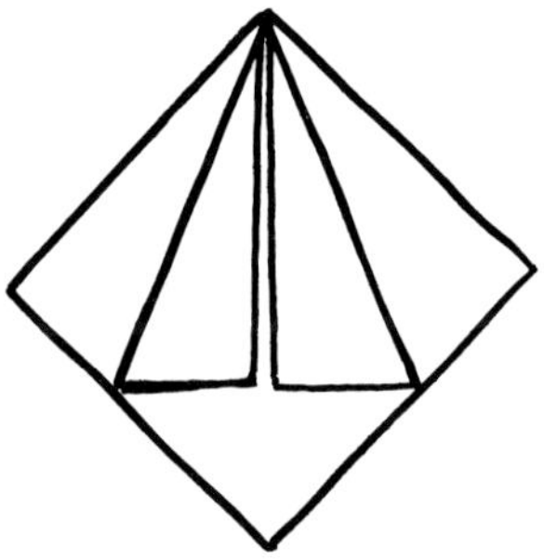

② *Falte rechte und linke obere, obenaufliegende Kanten zum Diganonalbruch, falte die Schrägen auch als Gegenbrüche.*

③ *Wende und wiederhole Schritt 2.*

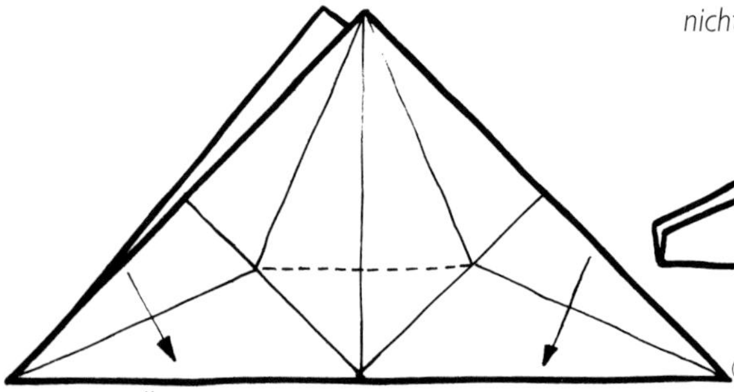

④ *Öffne alle Faltungen wieder und lege das Blatt ausgebreitet auf den Tisch. Dabei soll die gemusterte Seite obenauf liegen. Falte das Kopftuch.*

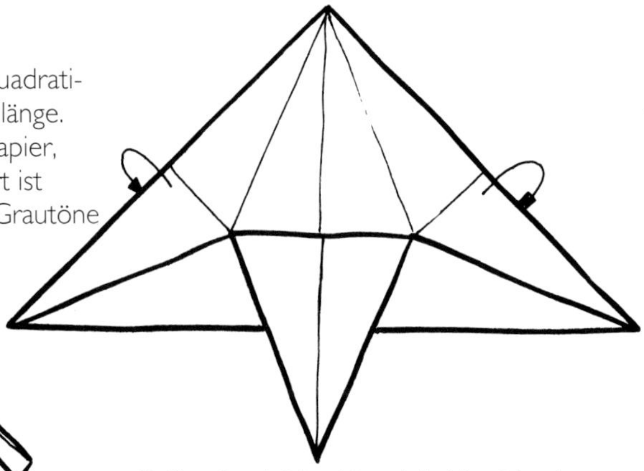

⑤ *Drücke gleichzeitig mit beiden Händen die beiden oberen, obenaufliegenden Kanten zum unteren Bruch. Dabei legt sich auch die mittlere Spitze nach unten. In der Mitte der Form entsteht ein neuer querliegender Bruch.*

⑥ *Wende und wiederhole Schritt 5.*

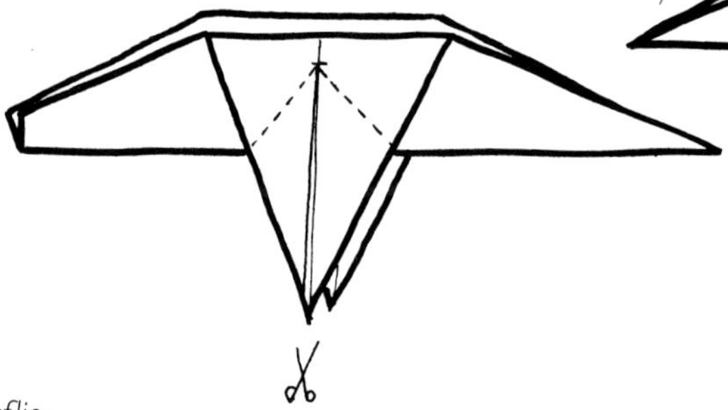

⑦ *Falte die linke Spitze als Maul ein kleines Stück nach innen um. Beide nach unten führenden Dreiecke werden zu Beinen. Schneide sie von unten her längs ein, aber nicht ganz bis zur Rückenlinie!*

⑧ *Falte die beiden Hälften schräg nach rechts und links, so daß sie mit der Bauchseite abschließen und falte im Zickzack wie auf der Zeichnung. Schneide und falte auf der Rückseite ebenso.*

Elefant ***

Für den Elefanten kannst du auch einseitig farbiges Papier verwenden. Es eignen sich sowohl Origami- und Geschenkpapier als auch selbstgefärbtes Schreibpapier. Besonders reizvoll wirken große mit kleinen Elefanten zusammen als Familie. Die Blätter sollten dann 10 x 10 cm bzw. 15 x 15 cm groß sein.

Faltschritte

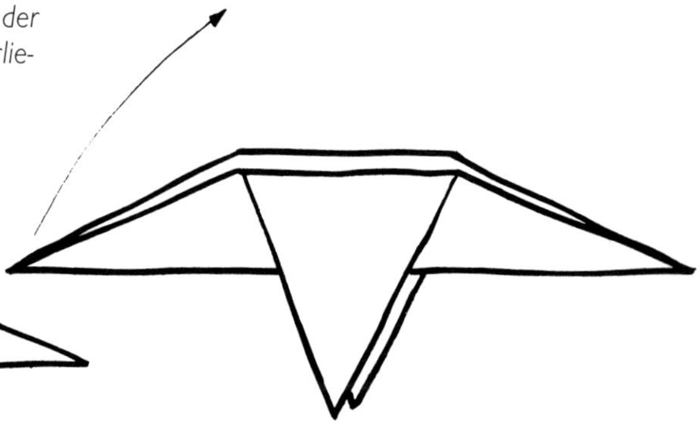

① *Falte das Krokodil bis Schritt 6.*

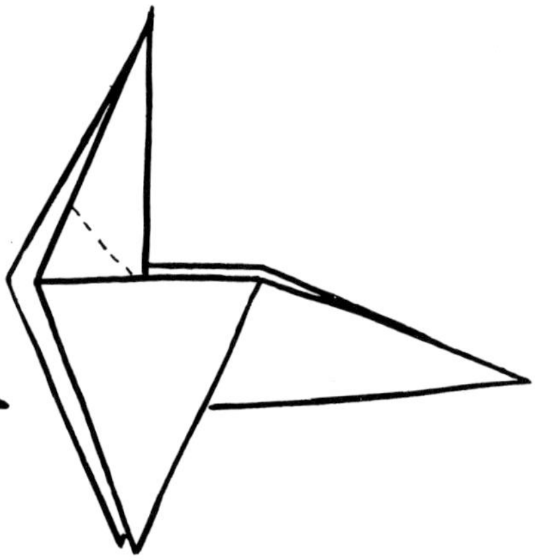

② *Drücke die linke Spitze von unten her ein, stülpe sie um und lege sie dabei senkrecht nach oben.*

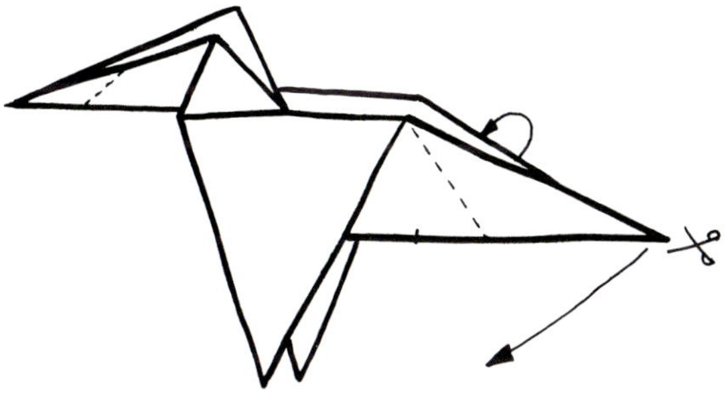

③ *Für Kopf und Rüssel falte die aufrechte Spitze wieder schräg nach vorn, auch als Gegenbruch.*
Drücke die Spitze von rechts ein und stülpe sie dabei um. Du kannst weiterhin den Rüssel durch Gegenbrüche und Stülpen nach deiner Wahl nach vorn oder hinten führen.

④ *Schneide die rechte Spitze auf dem unteren Bruch etwa 5 cm ein und falte die obenaufliegende Spitze senkrecht nach unten als Hinterbein. Wende und falte das zweite Hinterbein. Kürze die Beine ein durch Umfalten oder Abschneiden und klebe eine Schwanzquaste ein wie das Foto zeigt.*

Für sehr geschickte Hände:
Elefanten und Krokodile.

Kranich ****

Hier ist der klassische Origami-Kranich gemeint, der in den sechziger Jahren von Japan aus als Lebens- und Friedenssymbol um die ganze Welt ging. Man faltet ihn aus etwa 15 cm x 15 cm großem Origami- oder Seidenpapier.

Faltschritte

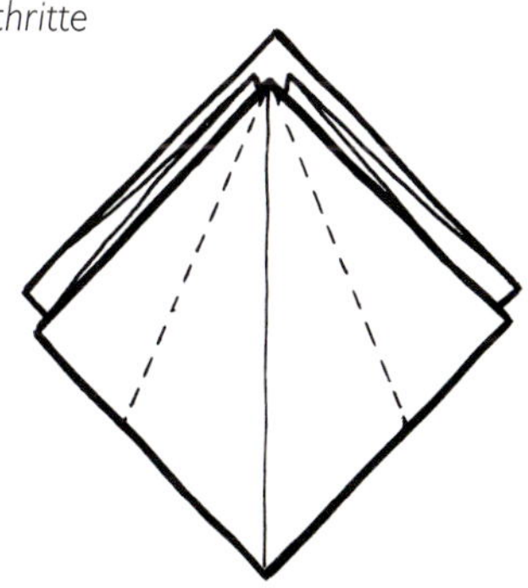

① *Falte das zusammengeschobene Quadrat mit der farbigen Seite nach außen und lege es mit der geschlossenen Ecke zur Tischkante.*

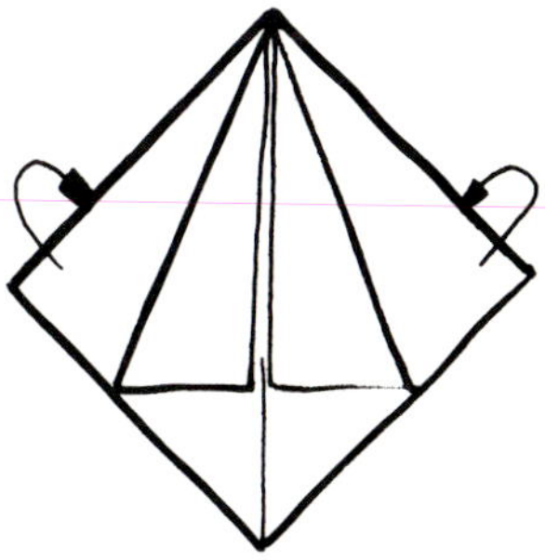

② *Falte rechte und linke obenaufliegende Kante an den Diagonalbruch. Wende und falte auf der Rückseite ebenso.*
Es ist günstig, wenn du die schrägen Brüche auch als Gegenbrüche faltest.

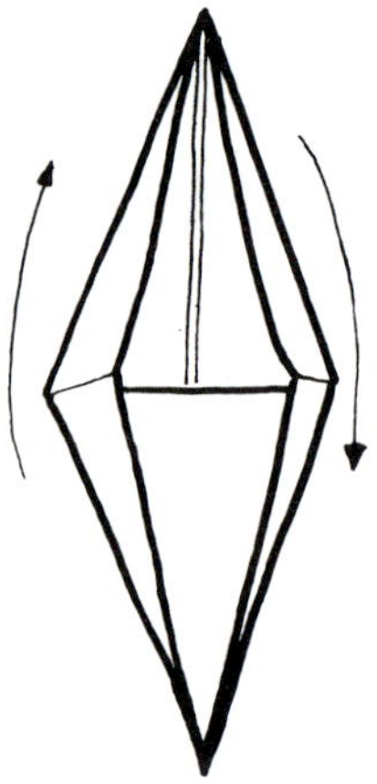

③ Öffne die schmalen Dreiecke wieder und ziehe die obere Ecke ganz nach unten. Dabei legen sich die langen dreieckigen Seitenteile nach der Mitte. Falte auf der Rückseite ebenso.

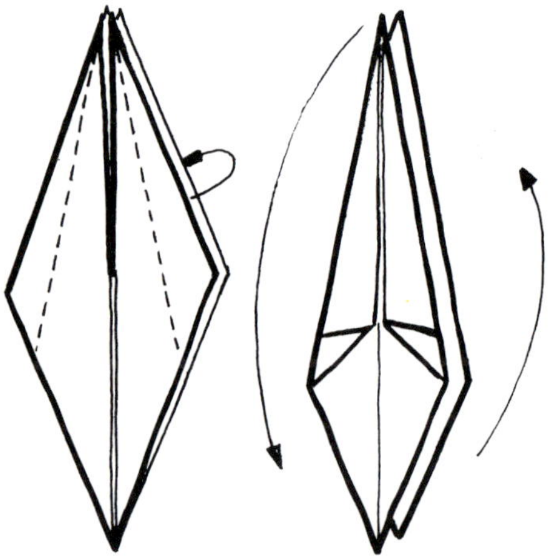

④ Nun falte die oberen beiden Schrägen an die mittlere Längsteilung, wende und falte auf der Rückseite in gleicher Weise.

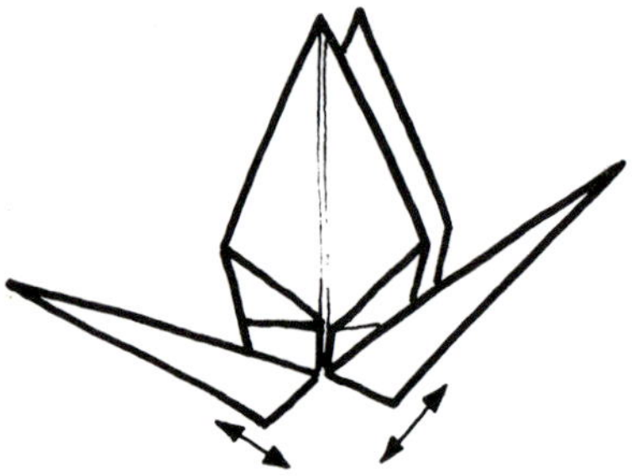

⑤ Drehe jetzt die beiden sehr schmalen Spitzen zur Tischkante. Falte die linke untere Spitze schräg nach links, die rechte Spitze schräg nach rechts. Falte beide auch als Gegenbrüche und falte zurück.

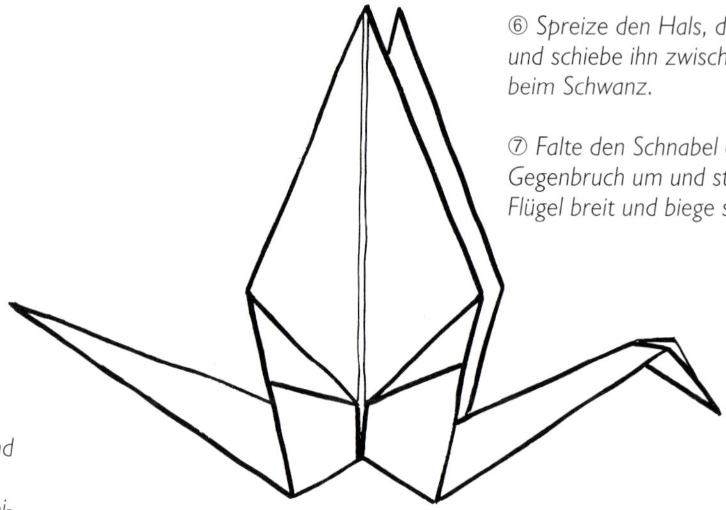

⑥ Spreize den Hals, drücke ihn nach oben und schiebe ihn zwischen die Flügel, ebenso beim Schwanz.

⑦ Falte den Schnabel etwa 2 cm als Gegenbruch um und stülpe ihn. Ziehe die Flügel breit und biege sie etwas nach unten.